우리말·우리역사 보급의 거목
이윤재

우리말·우리역사 보급의 거목 이윤재

| **박용규** 지음 |

글을 시작하며

환산 이윤재李允宰(1888~1943)는 일제시기의 대표적인 한글학자이자 독립운동가이다. 그는 1992년 문화관광부 주관 10월의 문화인물로, 1998년에는 국가보훈처 주관 이달의 독립운동가로 선정되어 업적이 재조명되기도 했다.

일제강점기에 그는 국어학자인 주시경의 주장을 계승하여 우리말과 한글을 연구하고 보급한 최현배·이극로·신명균·이희승·장지영 등과 함께 조선어연구회, 조선어학회에 참여하여 언어독립운동인 한글운동을 전개하였다. 조선어학회의 한글운동은 일제의 언어동화정책에 대한 반역이었기에, 일제로부터 탄압을 받았다. 조선어학회 사건이 그것이다. 이때 조선어학회의 중진이었던 이윤재도 일제의 치안유지법 위반으로 구속되었는데, 함흥감옥에서 복역하다가 일제의 고문 후유증으로 1943년 12월 옥사하였다. 일생을 민족혼의 보급을 위해 활동하다가 침략자들에게 희생되었던 것이다.

또한 그는 우리나라 역사의 연구와 보급을 통해 독립정신을 고취하는 활동도 하였다.

이처럼 이윤재는 일제강점기에 민족의 영혼을 담는 그릇인 우리말과 민족정신의 결정체인 우리 역사를 유지하여 민족과 민족성을 영구히 보존하려고 일제와 투쟁한 비타협 민족주의자였다.

그러나 민족어의 규범 수립과 민족주의 역사학 성립에 기여한 이윤재의 업적을 종합적으로 저술한 책은 지금까지 없었다. 따라서 이 책은 이윤재의 생애를 제대로 복원하고, 그의 민족어 보급 활동과 민족사 연구의 특성을 밝혀내는 데 기여할 것으로 본다.

  필자는 민족 구성의 핵심요소인 언어와 역사를 지켜 민족의 독립을 달성하고자 한 이윤재의 업적을 이 책을 통해 드러내고자 한다.

  먼저 이윤재의 일대기를 생생하게 드러내고, 이어서 우리말글 연구와 보급에 그가 얼마나 정열적으로 활동하였는지를 쉽게 정리하고자 한다. 다음으로 그가 남긴 자료를 바탕으로 우리 역사를 어떻게 인식하고 무엇을 주장하고자 했는지를 살펴볼 것이다. 마지막으로 그가 일생을 헌신한 민족어, 민족사 연구가 가지고 있는 의미를 기술하고자 한다. 이를 통해 그의 민족어와 민족사 연구가 민족해방운동의 방도였고, 다가올 민족국가건설에 기여하는 운동이었음을 재확인하고자 한다.

2013년 1월
환산 선생의 고향 김해를 바라보며
박 용 규

차례

글을 시작하며 _ 4

1 학자로서 독립운동가의 길을 가다
독립에 대한 꿈을 키우다 _ 8
사립학교에서 민족교육을 실천하다 _ 11
영변의 3·1운동을 주도하다 평양 감옥에 가다 _ 14
흥사단 단원으로 활동하다 _ 17
일제가 주목한 갑종요시찰인이 되다 _ 23
교육 현장에서 민족의식을 고취하다 _ 25
집을 조선어학회 회관 건립 부지로 내놓다 _ 34
서대문 감옥에 수감되다 _ 37
성경 맞춤법 통일에 앞장서다 _ 43
『조선어사전』완성에 공로를 남기다 _ 49
일제에 체포되어 함흥감옥에서 옥사하다 _ 55

2 우리말글 연구와 보급운동
민족어 규범 수립 운동에 참여하다 _ 68
민족어대사전 편찬에 관여하다 _ 92
우리말글 보급운동을 전개하다 _ 97
한글운동을 항일운동으로 인식하다 _ 108

3 민족주의 역사가로서의 활동

사론을 통해 민족의식을 고취하다 _ 113
민족정신을 고취한 역사를 저술하다 _ 125
독립을 쟁취하자는 역사인식을 보유하다 _ 146

4 일제에서 벗어날 열쇠를 쥐어 주다 _ 159

이윤재의 삶과 자취 _ 166
이윤재 저술 목록 _ 170
참고문헌 _ 177
찾아보기 _ 182

01 학자로서 독립운동가의 길을 가다

독립에 대한 꿈을 키우다

이윤재는 1888년 12월 24일 경남 김해군 우부면 답곡리(현재는 김해시 대성동)에서 아버지 이용준과 어머니 이임이의 장남으로 출생하였다. 본관은 광주廣州 이씨다. 이윤재의 조상들은 대대로 밀양에서 살아왔다. 이윤재와 아버지의 본적지는 경남 밀양군 밀양읍 내이리 779번지이다. 아버지 이용준이 김해로 들어와 이윤재를 얻은 것으로 보인다.

김해는 이윤재의 조상들이 살아온 땅은 아니어서, 선영先塋이나 친척도 없었다. 그러나 이윤재가 나서 자란 고향이었다. 김해는 491년 역사를 가진 금관가야의 수도로 역사 고적이 많았다. 금관가야의 시조인 김수로왕릉 유적이 있었다.

이윤재의 호는 환산桓山, 한산, 한메, 한뫼 등으로 불렸다. 환산, 한산은 우리나라 산이라는 뜻의 한자어이다. 환국은 단군임금이 세운 조선, 즉 우리나라를 지칭한 용어이다. 그리고 한메, 한뫼는 큰 산을 뜻한다. 순 우리말로 지은 호다. 큰 산처럼 변치 않고 우뚝한 기상을 지니고자 하여 자신의 호를 '한메'라고 지었을 것으로 생각한다. 한글학자들은 우리말로 호를 지어 사용하였다. 한별은 권덕규의 호로 큰 별을 뜻하며, 외솔은 최현배의 호로 한 그루의 소나무라는 뜻이다.

이윤재는 1894년에서 1905년까지 11년간 마을의 서당에 다니며 한문 공부를 하였다. 그는 재주가 비상하여 신동이라는 소리를 들었다. 이곳에서 사서삼경을 독파하였는데, 이때 닦은 한문 실력이 역사 저술과 국어 저술에 큰 도움이 되었다. 또한 서당시절 훈장으로부터 들은 역대 이야기를 통해 역사 공부에 흥미를 가졌다.

어느 날 그는 훈장으로부터 조선이 청의 간섭에서 벗어나 천자국이 되었다는 말을 들었다. 집으로 돌아오는 길에 이 말이 너무 기뻐서 동무들과 춤을 추다가 도랑에 빠져 옷을 망친 일도 있었다.

청일전쟁 이후 청나라의 국위는 손상되어 있었다. 당시 우리나라는 청의 간섭에서 벗어날 필요성이 절실하였다. 그리하여 1897년 고종은 황제 즉위식을 거행하고 대한제국을 선포하였다. 이로써 우리나라도 자주국가로서의 면모를 세계에 과시하였고, 황제국가의 위상을 확보하였다. 당시 황제국가였던 청·일·러시아와 마찬가지로 우리나라도 황제국가 반열에 들어갔던 것이다.

뒷날 이윤재는 자신의 일생에서 우리나라가 천자국이 되었다는 서당 훈장님의 말씀에서 가장 통쾌함을 느꼈다고 회고하였다.

그러나 대한제국은 근본적인 개혁을 하지 않았다. 황제의 권한만 강화하였지 민권을 보장하지 않았던 것이다. 군사력도 키우지 못해 일본의 강압을 막아내지 못하였다. 그러다가 결국 1905년 을사늑약에 이어 1910년 식민지로 전락하여 대한제국은 멸망하였다. 이 시기에 이윤재는 신식 학교를 다녔다.

1905년에서 다음 해까지 김해에 있던 보통학교를 다녔는데, 여기에서 일본어, 산술을 배웠다. 그러다가 재학시절 교회에서 강연을 듣던 중 대구에 새로 학교가 생겼다는 광고를 듣고 대구로 갔다.

1906년에서 1907년까지는 대구에 있는 계성학교에서 수학하였다. 이 학교는 기독교 계통이어서 한문 과목만 조선인이 가르치고, 나머지 과목은 미국인이 가르쳤다. 성경(신약성경), 한문(덕혜입문), 산술(산학신편), 지지(사민필지), 사기(만국통감), 이학(계오문답), 도식, 체조 과목을 교육 받았다. 그러나 시간이 지나면서 이 학교의 학과에 대해 별로 배울 것이 없다고 생각하였다. 그리하여 다시 김해군 소재의 보통학교로 전학하였다. 한문(서전書傳·시전詩傳), 역사(태서신사泰西新史), 지지(대한지지大韓地誌) 등을 이수하고 1908년 3월에 제1회로 졸업하였다. 졸업생은 17명이었다. 이 학교는 1911년 11월에 김해공립보통학교(지금의 김해동광초등학교)로 개명되었다.

보통학교 졸업과 동시에 그는 보통학교 보조교사가 될 수 있는 임명장을 받았다. 그러나 공립학교에서 근무하는 것을 싫어하여 거절하였다. 그는 사립학교의 교사가 되고자 하였다.

이 시기에 일제가 우리나라의 주권을 강탈하고 있음을 인식한 이윤재는 조국의 독립을 위해 일생을 바치겠다고 결심하였다.

사립학교에서 민족교육을 실천하다

이윤재는 1908년 5월부터 경남 김해군 답곡 소재의 함영涵英학교에서 교원으로 근무하였다. 이 학교는 음력 4월 8일에 춘계 운동회를 개최하였다. 이 날 교사 이윤재가 일장 연설을 하였는데, 학부형들이 감동하여 우는 사람이 많았다고 한다.

같은 해 5월경 김해군 부삼면 도화동에 거주하는 농부들이 경제적 고통을 타개하고 농업을 개발하고자 농무회農務會를 조직하고, 농민야학교를 설립하였다. 이때 이윤재는 김해군 부삼면에 거주하고 있었다. 그는 농민야학교에서도 교사로 선임되어 4개월간 국문, 한문, 역사, 산술, 체조 등의 교과를 학생 60여 명에게 교수하였다. 이처럼 이윤재는 농민과 그 자제들을 대상으로 교육 활동을 전개하였다.

1909년에는 정달성鄭達成과 결혼하였다. 그리고 1909년에서 1911년까지 기독교 계통 인사들이 김해에 세운 사립합성학교(지금의 김해합성초등학교)에서 교원을 역임하였다.

1911년에서 1913년까지는 기독교 계통 학교인 마산 창신학교의 교원이 되어 조선어와 역사과목을 가르쳤다. 이때 이 학교에 근무 중이던 김윤경을 만나, 평생의 동지가 되었다. 김윤경이 주시경이 지은 「국어문법」을 교수한 것을 보고 이에 대해 서로 토론하기도 하였으며, 김윤경을 통해 주시경의 우리말글의 연구와 보급을 알게 되어 우리말에 깊은 관심을 갖기 시작하였다.

이후 창신학교의 자매학교인 의신여학교가 1913년 4월 5일에 개교

이윤재가 교원으로 근무한 학교(지금의 김해합성초등학교)

하였다. 두 학교는 담 하나를 사이에 두고 있었다. 창신학교의 교원이 의신여학교에 출강하여 수업을 진행하였는데, 이윤재도 의신여학교의 학생들을 가르쳤다.

이윤재는 1914년 4월 5일에 창신학교의 교가를 작사하였다. 교가 첫머리를 "아시아 동천구 반도 성업다 무궁화 금수강산. 오늘 문명 선구자는 우리학교 창신일세"로 작사하여 애국심을 고취하였다.

『창신60년사』(1969)에 의하면 그는 조선어 시간에 학생들이 일본말 흉내를 내면 야단을 치고 종아리를 때리며 다시는 일본말을 하지 못하도록 하였다. 역사 시간에는 정몽주의 단심가, 이순신 장군의 난중일기 그리고 민영환이 남긴 글을 가르쳐 학생들이 늘 외우면서 다니도록 하였다. 당시 일본인과 가깝게 지내는 동료 선생에게 이윤재는 "당신은 창신학교의 선생 자격이 없소. 당신은 나라를 빼앗은 강도와 가까우니 교육자로서 의심이 가오"라고 극언하였다.

 1911년 창신학교 시절에는 이윤재가 수학여행을 지리산으로 가자고 하여 수학여행을 떠나면서 지리산 원정대라는 이름을 붙여 군대식 행진을 하며 가기로 하였다. 학생 60여 명 전원을 1소대로 편성하고 사령관 참모부부터 척후 보초까지 정하였다. 이들은 나폴레옹이 알프스의 험준한 고개를 넘는 것과 같이 지리산을 향하였다. 나약하고 무기력한 조선 청년에게 용감하고 쾌활한 기풍을 훈련시켜 보고자 함이었다. 함안, 의령, 진주, 산청을 지나 사흘 만에 지리산에 있는 대원사에 당도하였다. 3일간 머물며 밤마다 강연회를 개최하였고, 대원사 스님으로부터 철학과 과학에 대한 주제로 강연을 듣기도 하였다. 이윤재는 학생들과 함께 천왕봉 정상에 올랐다. 그는 천왕봉에서 지리산을 경계로 상고시대에 마한과 진한의 국경이 정하여졌고, 백제와 신라가 대치하였다는 사실을 알 수 있었다. 또한 고려 말기 이성계가 왜구를 무찌른 운봉과, 전라좌수영에서 이순신이 임진왜란을 지휘하였던 여수를 바라보았다. 그는 지리산과 관련된 옛 사람들을 생각하였다. 지리산에서 음악을 연구하여 대성한 신라인 옥보고, 신라시대 최치원과 조선시대 남명 조식, 한말 지사이며 시인인 황매천의 발자취와 원효·의상·도선의 순례지가 이곳이었음을 회상하였다. 그는 지리산에서 섬진강으로 내려가 배를 타고 이순신의 전적지였던 명량과 노량, 한산도 바다를 두루 살펴보고 싶었다고 한다. 그러나 그러한 시간을 갖지 못한 것을 한스러워 하였다고 한다.

이윤재는 언제나 한복을 입고 학교에서 학생을 가르쳤으며, 나라 사랑과 관련된 강연을 하였다. 그래서 일제 경찰은 늘 그를 감시했다. 그러나 일제 경찰은 그의 고매한 인품과 인격에 눌려 함부로 그를 다루지는 못했다.

이윤재는 1915년에서 1917년까지 3년간 일본 도쿄東京에 머물면서 와세다대학의 문과를 다녔다. 유학 시절에는 도쿄에서 이유 없이 경찰서에 연행된 일도 있었다. 그러나 무사 귀국하여 1917년 마산 의신여학교에서 근무하였다. 이 시기에 그는 둘째 딸을 얻었는데, 이름을 무궁화라고 지어 호적에 기재하였다. 무궁화는 조선의 꽃인 만큼 무조건 가장 사랑하는 꽃이라고 밝혔다.

영변의 3·1운동을 주도하다 평양 감옥에 가다

1918년에서 1919년까지 2년간은 평북 영변에 있는 숭덕학교에서 조선어와 역사를 가르쳤다. 이때 그는 영변의 3·1운동 시위를 주도하여 1년 6개월간 평양 감옥에서 옥살이를 하였다.

1918년 당시 세계는 제1차 세계대전이 종식되고, 민족자결주의가 영향을 미치고 있었다. 10년간의 일제 지배에 우리 민족도 생존을 보장받을 수 없는 지경에 이르렀다. 이에 우리 민족은 세계 사조에 부응하고 독립을 쟁취하고자 3·1운동에 온 겨레가 힘을 합하여 참여하였다. 이윤재도 조선민족이 독립을 획득하는 것은 너무도 당연하다는 확고한 민족의식을 가지고 이 운동에 동참하여 민족의 독립을 부르짖었다.

그는 1919년 3월 2일 조선독립 선언서 40여 매를 등사, 반포한 사실 때문에 일제에 체포되었다. 신의주지청에서 보안법 및 출판법 위반 사유로 1년 6개월의 징역형을 언도 받았는데, 이윤재와 함께 독립운동을 전개한 유병집, 최장부, 장동순도 1년에서 1년 6개월의 징역형을 선고받았다.

이윤재는 평양복심법원에 공소하였으나, 일제 재판부는 같은 해 6월 17일에 기각하였다. 그러자 그는 같은 해 경성고등법원에 다시 상

이윤재 관련 고등법원 형사 판결 원본(「대정 8년 형상 제500호 판결」, 국가기록원 소장)

고하였다. 그러나 일제는 같은 해 7월 31일에 또 기각하였다. 그는 자신의 독립운동이 죄가 되지 않는다고 다음과 같이 일제의 재판부(「대정 8년 형상 제500호 판결」)에 당당히 밝혔다. 여기서 그의 조선 독립에 대한 굳은 의지를 엿볼 수 있다.

인류가 생존한 이상 그 개체와 종족을 보전할 의무가 있다. 조선 민족이 조선 민족의 독립을 자결하는 것은 범죄가 아니다. 조선 민족은 반만 년의 역사를 이어온 당당한 독립 국가이므로 지금 타 민족의 지배를 받을 이유가 없다. 그러므로 독립운동은 신과 인간에 대한 죄가 될 수 없다.

常支局記者李允宰君의 辭任함에
對하야 姜錫禧君으로 選定
하엿사오니 當支局管內에 居住하
시는 本報愛讀諸位는 以此諒之하
시압소서

馬山支局 白

동아일보 마산지국 이윤재 기자의 사임 기사
(『동아일보』 1921년 6월 5일)

조선은 일본에게 병합된 이래 멸망에 빠져 들어갔다. 그런데 세계대전이 끝나고 민족자결의 문제가 생겼다. 이는 조선 민족의 자구自救에 관한 실로 천재일우의 기회라고 말할 수 있다. 조선 민족이 독립을 획득하는 것은 당연하다. 조선 민족이 독립을 획득하는 것은 강탈당한 물건을 되돌려 받는 것과 같으므로 죄가 되지 아니한다. 독립선언서는 불온한 문서가 아니고 그것을 반포한 것도 보안법에 위배되는 것이 아니다.

1920년 7월경에 1차 옥고를 치르고 나온 이윤재는 일본 유학을 재차 도모하였으나, 전과 사실 때문에 뜻을 이루지 못하였다.

출소한 뒤인 1920년 7월 3일에 그는 마산 기독교청년면려회 부회장에 선임되었다. 이 무렵 동아일보 마산지국의 기자로 활동하기 시작하였다. 1921년 5월 30일 마산 문창교회에서 청년면려회(회장 이윤재)는 중국으로 유학가는 이윤재를 위해 송별회를 열어주었다. 당시 이윤재는 청년면려회의 회장과 문창교회 주일학교의 교장 직책을 맡고 있었다. 송별회 때 그는 고별사를 하였다. 아울러 동아일보 마산지국의 기자직도 사임하였다.

홍사단 단원으로 활동하다

1921년 베이징에 도착한 이윤재는 독립운동가인 신채호를 찾아갔다. 이윤재는 3년간 베이징北京대학 사학과에 수학하였고, 신채호의 영향을 받아 반일 의식이 더욱 굳어졌다.

신채호를 만나기 전에 그는 신채호가 지은『을지문덕전』·『천개소문전』·『최도통전』및 기타 역사논설 등을 읽었고,『대한매일신보』와『대한협회월보』,『권업신문』을 통해 그를 익히 알아왔다. 그러다가 1921년에서 1923년까지 3년간 베이징에서 함께 보냈다.

이 시기 그는 신채호의 민족주의 사학을 수용하였다. 신채호가 강조한 민족의 영웅, 우리나라 상고사에 대한 사관, 일제에 대한 비판 등을 계승하였다. 그가 주장하고 있는 역사논설은 신채호의 주장을 반복·확인하는 것도 많다. 그만큼 이윤재의 역사학에서 신채호의 영향은 지대하였다.

베이징 시절 그는 홍사단에 입단청원서와 자신의 이력서를 내고 문답식에 합격하여 홍사단 예비단우가 되었다. 문답식은 홍사단 원동임시위원부 위원장인 안창호가 하였다. 당시 이윤재의 이력서를 살펴보면 다음과 같다.

단우 이윤재

출생시　　기원 4221(1888)년 12월 24일
출생지　　한국 경상남도 김해군 읍내

北京時代의 丹齋

李允宰

十五年前의 일이다. 내가 北京에 가 있을적에 누구보다도 제일 먼저 만나본이가 申丹齋였다. 그때 내가 東安公寓란데에 旅宿하고 있었는데 잠간 들어나갔다가 돌아온즉 책상위에 조고마한 종이쪽이 놓였는데 거기에 「오늘 아침에 豫王府에 갔더니 李與天氏에게서 先生의 來燕을 承聞하였나이다 이제 拜顔하지 못하옴은 실로 憾仄하는바와다. 後日 再訪하기로 하고 오니 諒하소서」라 였으며 끝에 「北城 妙豆胡同 ××號 申榮浩」라는 署名이 있었다.

申榮浩氏의 이름은 일즉 大韓每日申報에서와 皇城新聞(海燕威에 發刊)에서와 乙支文德傳、泉蓋蘇文傳、崔都統傳、其他 歷史論文等을 읽어 그性格을 잘 알았을분이요 아직 商識한일은없었다 이렇게 서로 面分이 없는터에 친절하게도 먼저 찾아줌에는 무어라고 形容할수 없는 고마운情을 스스로 禁할수없었다.

나는 곧 洋車를 불러 妙豆胡同으로 바야라 나는 조선에서하러 버릇으로 큰소리로 두어번 불렀다. 평안한 中國 巡警이 나가 내않에 내달리거니 무 어떠고 자꾸 물을거란다. 나는 한마디도 알아듣지못하

고 그저 얼뚱멀뚱하고 섰노라니까 안으로부터(婦人 丹齋婦人 朴慈惠氏)이 나와서 巡警하고 몇마디 말을하여 그를 들려보내고 나를引導하여 집안으로들어간다. 뒤에 알고보니 그 巡警의말은 어떤사람이 건 않고 마구들어가려하니 그런 無禮한짓이 어디있느냐하 는것이라한다. 나는 속으로 스스로 우슴기도하고 미안하기도 그지였었다.

이때 丹齋는 방에누워서 책을보고있다가 나의명함을 받고 일어나 반가이맞으며 서로 굳은握手를하였다. 例의 인사의 말을바꾼뒤에 나는

「내가 이번에 여기에 오기는 다만 學術 研究目的하는것입니다 東洋文化를 研究하는때는 中國이 가장 좋을것이다 생각하였던것입니다. 앞으로 先生께서 많이 指導하여주시기를 바랍니다」

하여 北京은 趣意를 말하였다. 丹齋는 매우기뻐하며

「매우 좋소이다. 지금 조선사람은 무엇을 하지마는 中國땅에든 지 西洋이나 日本으로 가기들은 잘 오는이는 별로없는 모양입니다. 中國이 東洋의 大部分을 차지하고있으니 東洋文化를 研究하려면 中國을아니날수 없을것이지요 그리고 中國은 우리조선의 史料를 探索할것

이윤재가 신채호에 대해 쓴 글

이윤재의 이력서(출처 : 독립기념관 홈페이지 한국독립운동사 정보시스템)

거생지   4221~4244년 김해군

           4244~ 4255년 마산항

직업   4227 ~4238년 수학

           4238~ 4239년 공립보통학교필업

           4239 ~4240년 계성중학교수업

           4240 ~4244년 일본 와세다早稻田 대학문과자 연구

	4241～4252년 8곳 학교교원
	4253～4254년 소학교교원
	4254～연말 사회사무
학예	국어 역사
종교	예수교
단체	무
최장기능	교육
소긍	교육
개명	전명 이여민 이검신
가족	부 이용준 별세
	모 이임이
	제 이만재
	처 정달성

    안창호는 조영趙英·이용설李容卨·이윤재에 대하여 문답을 진행한 뒤, 모두 합격한 것으로 인정하여 1922년 6월 6일 베이징에서 입단식을 거행하고 예비단우로 승인하였다. 안창호는 이들의 입단에 대한 청원서를 첨부하여 흥사단 본부에 보고하였다. 예비단우 가운데 2개월 이상 의무를 이행하고자 노력한 자를 엄격하게 심사하여 다시 문답식과 서약례를 한 뒤에야 통상단우로 인정되었던 흥사단 규정(제26조)에 의거하여 볼 때, 이윤재는 1922년에 흥사단 단원으로 활동하였음을 확인할 수 있다. 이후 그는 안창호의 노선에 합류하여 흥사단, 수양동우회 활동을 전개

하였다.

아울러 베이징 시절 그는 반제국주의 인식을 확고히 하였다. 1922년 8월에 대한민국임시정부의 기관지인 『독립신문』에 '국치가國恥歌'를 기고하여 나라를 잃은 현실을 한탄하고, 이를 타파하자고 역설하였다. 환산 이윤재 작사의 국치가는 『독립신문』(1922년 8월 29일)의 사설란 하단 시세계詩世界란에 다음과 같이 게재되어 있다.

국치가

1. 빛나고 영광스런 반만년 역사
   문명을 자랑하던 선진국으로
   슬프다 천만몽외千萬夢外 오늘 이 지경
   아-이 부끄럼을 못내 참으리

2. 신성한 한배 자손 2천만 동포
   하늘이 빼아내신 민족이더니
   원수의 칼날 밑에 어육魚肉됨이어
   아-이 부끄럼을 못내 참으리

3. 화려한 금수강산 삼천리 땅은
   선열의 피와 땀이 적신 흙덩이
   원수의 말발굽에 밟힌단말가
   아-이 부끄럼을 못내 참으리

4. 최영崔瑩과 무열왕武烈王의 날랜 군사와
정지鄭地와 충무공忠武公의 쓰던 무기武器를
언제나 쾌히 한번 시험해볼가
아-이 부끄럼을 못내 참으리

5. 어찌나 역사 위에 더럽힌 때와
어찌나 자손만대 끼쳐줄 욕을
우리의 흘린 피로 이를 씻고자
아-이 부끄럼을 못내 참으리

'국치가' 후렴구의 '못내 참으리'는 의문문으로 봐서 '끝까지 참고만 있을 수 있겠는가?'로 풀이할 수 있고, 이는 일제에 나라를 빼앗긴 현실을 '끝까지 참고 있을 수 없다'는 뜻으로 이해할 수 있다.

1923년 3월에 베이징에서 전개된 전국학생연합회의 대회에서 나온 결의안을 그는 「민중혁명화하는 중국의 학생운동」이라는 글에서 그대로 다음과 같이 인용하여 같은 입장임을 드러내었다.

일본의 제국주의가 중국과 조선에 적敵이 됨은 물론이요 일본의 평민에게도 적이 된다. 아등은 일체 피압박민족을 연합하여, 국제제국주의에 향하여 선전宣戰할지니, 그럼으로 아등은 피압박민족의 연립전선을 고호결합高呼結合할지어다.

－『동명』 23호, 1923년 6월 3일

이처럼 그는 베이징대학 재학 시절에 일본제국주의가 조선과 중국에 적이라는 점을 인식하였고, 두 민족이 연합하여 일제에 대항하여야 함을 기고를 통해 주장하였던 것이다.

일제가 주목한 갑종요시찰인이 되다

이윤재는 1923년 여름에 귀국하였다. 귀국한 이후 그의 일관된 목표는 독립 쟁취에 있었다. 이것은 조선민족의 대 계획이라고 다음과 같이 밝혔다.

> 우리는 꼭 바라고 나아갈 희망 한 가지가 있다. 그를 여기에서 기다랗게 말하지 않더라도 우리는 모를 리 없다. 이 희망만은 어느 때까지든지 꼭 이루고야 말리라는 것까지도 잘 안다. 우리는 이 희망을 이루면 잘 살고, 이루지 못하면 잘 살지 못할 것까지도 안다. (중략) 자, 오늘부터는 우리가 전민족적으로 대방침을 세우고 대계획을 정하자. 그리하여 너니 나니 가리지 말고 오직 한 깃발 아래 모여서 저기 보이는 한 목표를 향하여 서로 손목 잡고 나아가자. 이것이 이 신년에 정할 조선 민족의 만년지계라 부르짓는다.
>
> -「희망의 신년」, 『동광』 제9호, 1927년 1월

전 민족이 일제의 압제에서 벗어나 독립을 달성하기 위해 일치단결하자고 이윤재는 호소하였다. 그의 우리말글 운동을 포함한 모든 활동

은 독립 쟁취를 위한 운동이었다.

1923년 9월 21일 마산 기독교 청년면려회 총회에서 그는 다시 회장에 뽑혔다. 1924년 1월 28일 청년면려회 주최의 정음강연회에서 이윤재는 '정음의 기원'을 주제로 강연하였다. 이후 1924년 9월부터 1년간 오산학교(교장 이승훈) 교원으로 조선어 과목을 담당하였다. 그러나 교과목 시간에 한글의 역사를 교육한 것이 일제에 적발되어 강제로 해직되었다. 일제는 그가 교육과정 안에 없는 내용을 가지고 수업을 진행하여 학생들에게 불온한 사상을 고취했다고 보았다.

이윤재는 서울로 올라가 1925년 4월부터 1927년 3월까지 낙원동에 있던 협성학교 교원으로 근무하였다. 이 시기 그의 가족도 서울로 올라왔는데, 서울 팔판동 83번지에 셋집을 얻어 이사하였다. 협성학교 시절 그는 독립운동을 하던 청년 윤우열尹又烈을 도와주었다. 윤우열은 허무당虛無黨선언서를 작성하여 1926년 1월 3일 경성에서 배포한 뒤, 양명梁明, 강정희姜貞熙, 이윤재 등에게 숨겨줄 것을 부탁하였다. 이때 이윤재가 그를 도와주었다. 불행하게도 윤우열은 같은 달 12일에 이윤재의 주소지인 팔판동에서 체포되고 말았다. 그리하여 윤우열의 사안에 이윤재도 연루되었다. 이 일로 일제 경찰은 이윤재를 '갑종요시찰인'으로 규정하고 주목하기 시작하였다.

일제의 주목에도 아랑곳하지 않고 이윤재는 또 다시 독립운동가인 김익환金翊煥으로부터 1926년 4월경 순종의 장례를 이용하여 독립운동을 하자는 내용의 서면을 받는 등 독립운동에 동참하였다.

교육 현장에서 민족의식을 고취하다

이윤재는 민족 독립의 당위성을 우리말과 우리나라 역사에서 찾았다. 1926년 5월에 발표한 「조선글은 조선적으로」(『신민』)와 「쾌걸 안용복-울릉도를 중심으로 한 200년 전의 조선외교문제」(『동광』 창간호)가 그것이다.

전자에서 그는 우리글이 불통일한 현실을 비판하고 우리글의 사용에 대해 첫째, 순국문의 사용, 둘째, 말의 소리에 맞게 쓸 것, 셋째, 어근에 맞게 쓸 것, 넷째, 받침은 자음 전부를 쓸 것을 주장하였다. 이처럼 그는 조선총독부가 제정한 1차와 2차 언문철자법을 비판하였으며, 우리글에서 일문이나 한문을 섞어서 사용하는 것을 반대하였다.

후자에서 그는 울릉도가 조선의 영토임을 대마도주로부터 승인받는 데 기여한 숙종조 인물 안용복에 대해 서술하여, 일제에 강탈당한 국토의 회수 의지를 드러내었다. 이후 1940년대까지 조선사와 조선말과 관련된 연구를 지속적으로 발표하여 민족정신을 나타냈다.

한편 그는 1920년대와 1930년대에 걸쳐 서울의 여러 학교에서 강의하면서 민족의식을 고취하였다. 1927년 4월부터 1930년 3월에는 경신학교의 촉탁교원으로 조선어와 작문 교과를 가르쳤다.

경신학교 시절 이윤재는 두 편의 희곡을 발표하여 민족의식을 고취하였다. 「김원술의 회한」(『청년』 8-6, 1928년 7월)을 통해 신라 문무왕 시기에 김유신의 아들 원술이 뉘우친 한스러움을 드러내었다. 김원술은 당나라 군대와의 전투에서 패하여 구차하게 살아 돌아왔다. 이에 아버지 김유신이 크게 질책을 했다는 말을 전해들은 김원술은 아버지를 만나지도 못하고 시골에 은퇴하여 있다가 뒷날 당나라 군대를 매소성 전투에서 크게 무찔러 지난 일의 치욕을 씻었다. 그러나 부모에게 용납을 받지 못한 것이 한이 되어 벼슬을 하지 않고 남은 인생을 보냈다는 내용이다. 이윤재는 이 희곡을 통해 나라 사랑의 어려움과 부모의 기대에 어긋나지 않기가 매우 어려움을 잘 나타냈다.

그리고 「율리 설씨」(『신생』, 1929년 10월)를 통해 신라 진평왕 시기에 평민이었던 가실이 6년간의 병역의무를 이행한 위국헌신과 설씨녀의 굳은 신념을 잘 드러내었다. 김원술과 설씨의 기록은 모두 『삼국사기』 열전에 나오고 있다.

이윤재는 1928년에서 1930년까지 동덕여고보에서 근무하였으며, 1929년에서 1933년까지 연희전문학교에서 조선어 교과 강사로서 학생을 가르쳤다. 조선어 교과 시간에 그는 자신의 주전공인 역사학도 강의하였다. 이순신 장군의 업적을 가르쳐 민족정신을 고취하였고, '바보 온달'의 이야기를 연극 대본으로 작성하여 학생들로 하여금 연극을 하도록 지도하였다. 1929년경 조선기독교청년회 강당에서 연극 '바보 온달'이 상연되었는데, 관중들이 뜨거운 눈물을 흘렸다고 한다. 이는 당시 연극을 본 김선기의 증언이다. 김선기도 조선어학회 사건에 연루된 33인 가운데 1인이다.

김선기는 「환산 이윤재 어른을 기리며」(『한글』 제179호, 1983년 3월)라는 글에서 "국토를 잃고 통탄히 여기는 양강왕을 위하여 온달이 야단성(아차산성 지칭-필자 주) 밑에서 흘러가는 화살에 맞아 죽었으니, 잃어버

동덕여고보 졸업생과 교원, 앞줄 오른쪽 네번째가 이윤재(출처 : 동덕여고보 졸업앨범)

린 조국 강산을 되찾으려는 환산 선생의 뜻을 누가 알았으랴"라고 그 의미를 드러내었다. 이윤재가 지은 희곡 '바보 온달'의 대본이 현재 『한글』 제179호에 게재되어 있다.

이처럼 이윤재는 연극을 통해 고구려의 국토를 회복코자 위국헌신한 온달 장군을 강조했다. 온달의 나라사랑을 조선의 청년들에게 알려, 일제 타도의 열망을 불어넣고자 함이 그의 진정한 의도였다고 판단된다.

연희전문 시절 그는 1930년 『동아일보』에 「성웅 이순신」[1930년 10월 3일~12월 13일(43회)]을 연재하여 민족의식을 고취하였다. 이 연재물은 1931년 8월에 한성도서주식회사에서 『성웅이순신』으로 출판되었다.

연희전문에 나가던 시절의 일화가 있다.

이윤재는 신촌에 있는 연희전문학교를 갈 때는 단 5전의 전차 삯을 왜놈에게 주기 싫어서 걸어 다녔다. 이때 광화문에 있는 조선총독부 건물을 보고 싶지 않아서 종로에서 안국동, 서대문으로 걸어가지 않고, 일부러 종로에서 남대문, 봉래동, 아현 고개를 넘어갔다고 한다. 이처럼 그는 철저한 반일주의자였다.

아울러 그는 남을 욕하지 않았으나, 친일파가 된 최린, 박희도와 한글 맞춤법 통일안에 사사건건 반대만 일삼은 박승빈에 대해서는 가차 없는 비판을 하였다.

일제강점기 그의 반일 일화는 더 있다.

이윤재가 베이징에 유학하는 동안 그의 부모를 보호하여 준 어떤 유지가 있었다. 그 유지의 아들 결혼식이 일본인들이 사는 본정(지금의 서울 충무로)에 있는 진고개 호텔에서 있었다. 일평생 본정 일대가 '왜놈들의 거리'라고 해서 맹세코 자기 발걸음을 들여놓아 본 일이 없는 그가 그곳에서 열리고 있는 결혼식에 들어갈 수는 없는 일이었다. 그래서 그는 진고개로 들어가는 길목에서 결혼식이 끝나고 돌아 나오는 시간까지 두서너 시간 동안을 돌장승처럼 기다렸다가 부조금을 전달하였다고 한다. 이 이야기는 많은 사람들에게 알려져 놀라움을 주었다. 이처럼 그는 은인에 대한 의리와 왜놈의 거리에 들어가지 않는다는 자신의 지조를 동시에 지켰던 것이다.

한편 1933년에서 1936년까지 경신학교와 중앙고보, 배재고보, 감리교 신학교에서도 교편을 잡았다.

경신학교 교원 시절(1933년 4월~1936년 3월)에 그는 반일의식을 학생들에게 심어주었다. 이는 제자들의 회고에서 잘 드러난다. 경신 29회 졸업생 민재호(1916년생)는 1930년에서 1935년까지 경신학교를 다녔다. 5년제 학교였다. 민재호는 이윤재로부터 조선어와 조선어작문 과목을 배웠다. 1933년과 1934년 사이에 이윤재는 제자들에게 다음과 같은 말을 주저 없이 하였다.

우리가 지금 일본의 총칼 밑에 잠시 눌려 산다고 언제나 이럴 줄 알아서는 큰 잘못이다. 나는 나이도 들었고, 지금 형세로는 감옥에서나 죽게 생겼지만, 너희들은 대명천지 밝은 날에 내 나라 다시 찾고 독립 국민으로 떳떳이 살 날이 꼭 올 것이다. 너희들은 틀림없이 독립을 보리라. 그러자면 지금부터 정신을 똑바로 차려야 한다.
― 민재호, 「이윤재 선생님의 조국애」, 『경신』 42, 1985

이어서 이윤재는 낡은 책보에서 지난 주에 학생들이 작성한 작문 뭉치를 꺼내 놓고, 한 학생의 이름을 불렀다. 이윤재는 작문 하나를 그 학생에게 내보이면서 말하였다.

"네 작문이냐?"
"맞습니다."
"붉은 줄 친 데만 칠판에 써!"
그 생도는 스승의 지시에 따라, 칠판 위에 '육ヶ월'(ヶ는 일본 가나. 발음은

'게')이라고 썼다. 스승은

"읽어 봐!"

"육개월."

"어떻게 '육개월'이 되느냐? 억지로 읽자면 '육게월'이 되겠지. 도대체 아름다운 우리말에다 잡스런 딴 놈들의 말을 넣은 이유가 어디 있어? 이게 우리말이냐, 일본말이냐? 늘 하는 말이지만, 나는 어차피 감옥에서나 죽게 생겼지만, 너희들에게는 독립 국민으로 떳떳이 살 날이 꼭 온다. 그러자면 지금부터 정신을 똑바로 차려야 하는데, 한 장의 작문에도 일본 글자를 섞지 않고는 못 쓴다는 그런 정신을 가지고서는……."

여기까지 말씀하신 스승은 말씀을 끝내지 못하고 울기 시작하였다. 그저 눈물 몇 방울이 아니고, 문자 그대로 우셨다. 생도 하나가 무심코 쓴 일본 글자 'ヶ' 한 자가 이윤재 스승을 우시게 했다. 나는 두 눈으로 스승의 눈물을 똑똑히 봤다. 해지고, 달뜨고, 봄, 가을이 바뀌면서 그동안 수많은 세월이 흘렀건만, 나는 이 일을 어제 일처럼 기억한다.

― 민재호, 앞의 글

이윤재는 울음을 거두고 학생들에게 다음과 같은 말을 하였다.

"너희들에게 할 말은 많다마는, 이 짧은 시간에 어찌 다 하겠느냐. 너희들 시골 농촌에 가서 논이나, 밭에 세워 놓은 허수아비 봤지? 허수아비 머리에 까마귀가 앉은 것도 봤나? 까마귀들이 허수아비는 얼이 없다는 것을 알기 때문에 얕보고 하는 짓이다. 하지만 사람에게는 얼이 있는 것을 아니까, 까마귀들이 어린아이들 머리 위에도 못 앉는다. 까마귀는 허수아비를 얕보기 때문에 그 머리 위에 앉을 뿐 아니라 먹을 것도 없는 허수아비의 머리를 쪼아대기도 한다. 사람도 마찬가지이다. 얼이 없는 사람들은 간악한 외적들에게 얕보이고, 얕보이면 침략을 당한다. 지금, 우리가 당하고 있는 것이 그것이다. 얼은 짙은 피와 하나가 돼서 나라를 지키고 그 나라 말을 지킨다. 난 여생이 몇 해나 남았는지 모르지만, 그러다가 저승으로 갈 것이다. 십중팔구는 감옥에서 죽을 것이다."(민재호, 앞의 글)

이윤재의 말에서 우리는 그의 결기를 느낄 수 있다. 외적에게 얕보이면 침략을 당한다. 일제에게 우리가 당한 것도 그것이다. 민족의 얼을 지녀야 나라와 국어도 지킬 수 있다고 역설하였던 것이다. 또한 자신은 독립투쟁의 전선에 매진하다가 감옥에서 죽게 되더라도 "너희들은 틀림없이 독립을 보리라"고 학생들에게 민족 독립에 대한 확신을 심어주었다. 그의 확신은 얼마 뒤 민족해방으로 이루어졌다.

제자 김종수도 잊혀지지 않는 스승으로 이윤재를 기억한다. 그는 1932년에서 1936년까지 경신학교에 재학하였다. 스승 이윤재는 조선어 시간에 '한글 첫걸음'을 가르치면서 교실 밖의 동정을 살펴가며 우리나라 삼국시대 역사며 태극기며 독립운동사를 틈틈이 울먹이며 가르쳤다고 회고한다. 또한 이윤재가 자신의 진지한 강의를 외면한 채 장난치던 학생들을 바라보면서 울분을 억제하지 못하고 큰 소리로 "이 망국 민족의 후손들아! 너희들은 어쩌자고……"라고 말하고, 그만 복받치는 서러움을 누르지 못하고 스승이 창가로 가서 안경을 벗고 눈물을 닦았다고 김종수는 「경신인임을 자랑하노라」라는 글에서 기술하였다.

이를 통해 이윤재가 조선어 교과 시간에 한글뿐만 아니라 우리나라 역사 특히 독립운동사를 가르쳤다는 사실도 확인할 수 있다. 이렇게 그는 투철한 항일 교육자였던 것이다.

중앙고보 교원 시절(1933년 9월~1937년 3월)에 현상윤이 중앙고보의 교장직에 있을 때, 학교 측에서 이윤재를 교직에서 축출하였다. 그 이유는 이윤재가 '한글', '한글'만 주장했기 때문이었다. 이 말을 최현배가 이윤재로부터 직접 들었다고 한다. 이 소식을 들은 조선어학회의 한글 동지들은 분노를 참을 수 없었지만, 일제의 탄압 아래이기에 이 분함조차 마음대로 발표할 자유를 가지지 못하였음을 더욱 분하게 여겼다고 한다. 이상을 통해서도 우리는 그가 얼마나 한글 보급에 열중하였는지를 짐작할 수 있다.

배재고보에서 시간 강사로 근무(1934년 9월~1935년 7월)하면서 이윤재는 '조선어 및 한문' 교과 시간에 우리말의 맞춤법 원칙을 설명하고, 자신이 편찬한 『문예독본』을 꺼내 학생들에게 받아쓰기를 가르쳤다. 남은 시간에는 조선사에 관한 강의를 하였다. 세종의 업적과 세조의 왕위 찬탈에 대한 부당성에 대해 들려주었다고 한다. 그의 제자 홍이섭의 글에서 확인할 수 있다. 이렇게 조선어 교과 시간에도 우리나라의 역사를 가르쳐 민족의식을 고취시켰던 것이다.

한편 경신학교 교원시절인 1933년 봄에 그는 서울 안국동 소재의 안동교회에서 장로로 활동하고 있었다. 이때 자신이 다니고 있던 안동교회 마당에서 왜놈의 꽃인 사쿠라 20그루가 심겨진 일이 있었다. 이를 알게 된 이윤재는 김우현 목사에게 거세게 항의를 하였다. 다음 대화는 이윤재와 김우현 목사(1895년생) 사이에 오고 간 내용이다.

"저기 심은 것이 무슨 나무요?"
"벚나무지 무슨 나무야."
"벚나무라니 그것이 사꾸라 나무지 어찌 벚나무요?"
"이게 벚나무지 어째 사꾸라야?"
"내가 창경원에 사꾸라를 심은 뒤에 발을 들여놓지 않은 사람인데 예배당 마당에 심어?"
"벚나무가 어떻단 말인가?"
"왜 하필 왜놈의 꽃을 갖다 심은 거요?"
"나무에 왜놈게 어디 있고 조선게 어디 있어? 학부형이 심겠다고 해서 심으라고 했다."
"신성한 예배당 안에 왜 하필 사꾸라를 심게 해?"

-『안동교회 90년사』 2001, 120쪽

일제는 창경궁을 창경원으로 격하시키고, 우리나라 왕실의 궁궐에 동물을 집어넣어 모욕을 주었다. 또한 일본의 상징 사쿠라를 가득 심어 민족의식을 말살하였다. 이를 알고 이윤재는 창경원에 발도 들여놓지 않았던 인물이었다. 더구나 일본제국주의자들로부터 박해받고 있는 조선인이 다니고 있는 교회에, 더구나 하느님을 모신 교회에 일본인이 제일 좋아하는 꽃인 사쿠라를 심어 놓은 처사가 이윤재에게는 용납될 수 없었을 것이다. 이 일로 그는 안동교회를 떠나 묘동교회로 옮겼다. 이처럼 일제와 관련된 모든 사물도 그에게는 타도 대상이었다.

집을 조선어학회 회관 건립 부지로 내놓다

서울시절 이윤재는 1928년에야 셋방살이를 면하였다. 그는 1928년 5월 24일에 종로구 화동 129번지의 땅(대지 54평)을 매입하였다. 집은 초가집이었다. 이윤재가 집을 살 무렵 조선어연구회(뒷날 조선어학회)는 서울 수표정 42번지에 주소를 둔 조선교육회관 건물 안에 사무실 한 칸을 임대하여 우리말글을 연구하고 있었다.

조선어학회도 셋방살이를 면하고자 하였는데, 이윤재의 집을 자주 출입하던 이극로는 이윤재의 집터 가운데 공터를 조선어학회 회관 터로 이용하였으면 하는 의사를 이윤재에게 개진하였다. 이윤재는 이극로의 의견을 받아들여 자신의 집터 일부를 매도하여 조선어학회 회관 건물을 짓는 것을 허락하였다.

이러한 사실을 이극로가 조선물산장려운동과 신간회 운동 등 민족운동에 참여하면서 건축업 관련 일을 하고 있던 정세권에게 말하였다. 이극로와 정세권은 1934년 조선물산장려회에서 함께 상무이사로 활동한 것을 인연으로 교분을 갖기 시작하였다. 정세권은 자신이 이윤재의 집터 일부를 매입하고, 그곳에 집을 신축한 뒤 조선어학회에 기증하겠다고 말하였다. 이러한 사실을 안 이윤재는 시가보다 싸게 땅을 정세권에게 매도하였다.

정세권은 자신의 돈 4,000여 원을 들여 이윤재의 집터 일부인 32평을 매입하였다. 그리고 이윤재의 집터를 분할 측정하였다. 1935년 6월 12일 화동 129번지 집터는 129-1과 129-2로 분할되었다. 이윤재가 살고 있는 집 번지는 129번지 2호(대지 22평)로 변경되었다. 정세권이 새로 매입한 집 번지는 129번지 1호(대지 32평)로 분할되어 등기가 되었다. 이후 정세권이 그곳에 집을 신축하여 1935년 여름에 조선어학회에 기증하였다. 이층 양옥 한 채의 건물이었다. 조선어학회는 1935년 7월 11일에 이곳에 입주하였다. 이로써 조선어학회는 129번지 1호에 주소를 둔 회관을 갖게 되었다.

회관의 1층은 조선어학회의 간사장인 이극로가 살림집으로 사용하였고, 2층은 조선어학회 사무실 겸 사전편찬실로 사용하였다. 이곳에 머물며 조선어학회의 임원들은 조선어 표준어 사정 작업을 1936년에 완수하여 한글날에 발표하였다.

아울러 조선어사전편찬회로부터 사전 편찬 업무를 인계받은 조선어학회는 이곳에서 조선어사전 편찬 작업을 계속하였다. 1940년 6월에 발표된 외래어표기법 통일안도 이곳에서 완성되었다. 이후 조선어학회는 이곳에서 사전에 들어갈 16만 어휘의 우리말을 뜻풀이한 뒤, 원고 일부를 대동출판사에 넘겨 조판까지 진척시켰다. 그러나 조선어학회의 민족어규범 수립과 민족어사전 편찬을 용납할 수 없었던 일제는 1942년 조선어학회 사건을 일으켜 관련 인사 33인을 검거하였다. 아울러 이곳에 있던 사전 원고는 재판의 증거물이 되어 함흥으로 이송되었다. 그리고 조선어학회 건물 1층에서 생활하고 있던 이극로 간사장은 이곳에서 일제 경찰에 체포되어 연행되었다. 이후 일제는 조선어학회의 사무실을 여섯 내지 일곱 차례나 수색하기에 이르렀다. 그리고 조선어학회 관련 인사들을 치안유지법 위반으로 처벌하였다. 이처럼 서울 종로구 화동 129번지 1호의 조선어학회 회관은 일제의 조선어 말살 정책에 대항하여 조선어학회 지사들이 영웅적으로 우리말과 글을 지킨 반일투쟁의 장소였다는 점에서 역사적 의미가 크다고 하겠다.

일제시기 129번지 1호의 집터에 대한 소유주는 정세권으로 기재되어 있었으나, 조선어학회 건물은 해방 뒤에도 한글학회에서 사용하였다. 이곳에서 1947년 제1권 『조선말큰사전』이 발간되기 시작하여 1957년 제6권이 발간되며 완성되었다. 집터는 1967년에 재단법인 한글집(뒤 한글학회로 개명)으로 소유권이 이전되었다. 그 해 7월 21일에 한글학회는 신문로에 새 사옥이 신축되고 있어서, 이 건물과 집터를 타인에게 매도하였다. 현재는 원불교가 매입하여 교당으로 사용하고 있다.

반면에 자신의 집터 일부를 조선어학회에 제공한 이윤재는 이후 가세가 기울어 집터를 지킬 형편이 되지 못하였다. 서울 중부등기소 등기부 등본에 의하면, 이윤재는 1936년 12월 25일에 종로구 화동 129번지 2호의 집과 집터를 다른 사람에게 매도한 것으로 되어 있다. 그러나 1936년 몇 월에 그가 서울 신당정(현재 중구 신당동) 304-57로 이사하였는지는 확인이 되지 않는다. 1937년 6월 수양동우회 사건으로 일제에 체포된 뒤 1938년 7월 29일 보석으로 출감될 때까지 신당동 주소지에서 그의 가족들이 거주하였다.

1938년 10월경 이윤재는 다시 서울 창신정(현 종로구 창신동) 633-10으로 이사하였으며, 1941년 10월경 서울 외곽 광장리(현 서울시 광진구

광장동) 297번지로 이사하였다. 당시 광장리는 광나루가에 있었으므로 광나루로 불렸다.

이상과 같이 일제시기에 조선어학회가 회관을 갖게 된 데는 자신의 집터를 헐값으로 제공하기로 한 이윤재의 결단과, 아울러 이극로의 설득을 수락한 정세권의 기증에 의해서 가능하였던 것이다.

서대문 감옥에 수감되다

1936년 이윤재는 「나의 명심록」에서 "1. 허위가식虛僞假飾하느냐? 무실 2. 나타방종懶惰放縱하느냐? 역행 3. 교사반복巧詐反覆하느냐? 신의 4. 인순구차因循苟且하느냐? 용기. 이 네 가지의 수련을 목표로 삼아, 나의 모자람을 깁고 온전함에 이르기까지 살펴가자는 것입니다"라고 자신의 좌우명을 밝혔다. 이렇게 그는 수양동우회의 4대 정신을 실천하고자 하였다.

중국 베이징 시절 흥사단원으로 활동한 이윤재는 국내로 돌아와 흥사단의 노선을 이은 수양동맹회, 수양동우회, 동우회에 가입하여 활동하였다.

귀국 후 이윤재는 1925년 12월 경성부 명륜동에 거주하고 있던 이광수의 집에서 유상규의 권유에 따라 수양동맹회에 가입하고, 그 후 명칭이 1926년 1월에 수양동우회로, 이어서 1929년 11월에 동우회로 순차적으로 고쳐진 뒤에도 끝까지 회원으로 남아서 활동하였다. 그는 이광수와 함께 기관지 『동광』의 발행에 대하여 논의하였으며, 주요한과 더

불어 수양동우회의 운동방침에 대하여 협의하였다. 또한 이광수 등과 함께 수양동우회 지부의 설치 등에 대하여 의견을 정하고, 이광수와 함께 기관지 『동광』을 계속 간행하기로 하였다. 그리고 회원인 김윤경金允經과 함께 동우회의 운동방침을 협의하였다.

1926년 1월에 설립된 수양동우회 회원으로서의 그의 입장은 기관지 『동광』에 잘 드러나 있다. 『동광』지는 1926년 5월 창간되어 1927년 8월 이후 휴간되었다가 다시 1931년 1월에 속간되었다.

이윤재는 『동광』 창간호부터 약 18회에 걸쳐 글을 게재하였다. 특히 1926년 10월부터 주필 격으로 활약하였다. 그 가운데 1927년 3월호의 「우리주장-조선을 위하여, 조선인의 조건, 자존자활」과 1927년 4월호의 「우리주장-배우자, 일하자」라는 글이 일제의 검열에 의해 전문이 삭제되기도 하였다.

1936년 한글날 기념식(10월 28일)에서 조선어학회는 '조선어 표준말 사정안'을 발표하였다. 기념식에는 150여 명의 인사가 참여하였다. 이 집회에 이극로는 독립운동가 안창호에게 축사를 부탁하였다. 이때에 베이징 시절 흥사단에서 같이 활동한 안창호와 이윤재가 다시 만났다. 이날 이윤재는 사정한 표준말의 내용에 대해 설명하였다. 그 뒤를 이어 안창호가 축사를 하였다.

당시 안창호는 일제의 탄압을 받아 3년간 대전감옥에서 복역하고 가출옥하여 휴양 중에 있었다. 안창호는 축사를 통해 자신만만하게 민족의식을 고취시켰다.

"조선 민족은 조상으로부터 계승해 온 모든 것을 잃어버리고 결국은

1934년 수양동우회 대회 기념사진, 앞줄 왼쪽에서 네번째가 이윤재

국가까지 잃어버렸다. 다만 조선어만을 보유하는 상태이므로 이것의 보급 발달에 힘쓰지 않으면 아니 된다. 이에 힘쓰는 조선어학회 여러분의 노고에 감사한다."

이 집회에 참석한 일제 경찰은 안창호의 발언을 중지시키고 "이 회의 대표자는 내일 종로 경찰서에 출두하라"는 말을 하고 자리를 떠났다. 이후 일제는 한글날 행사를 금지시켰다.

안창호는 1937년 6월 수양동우회사건으로 체포되어 감옥에 수감되었다. 그러나 그는 감옥에서 풀려난 직후인 1938년에 일제의 고문 후유증으로 사망하였다.

한편 이윤재는 1937년 2월까지는 동우회에 관여하였으나, 이광수가 적극적인 친일 노선으로 전환함을 보고 이후 그와 의절하였다. 그러

동우회 사건으로 서대문형무소에 수감된 시기의 이윤재

나 일제는 수양동우회 사건을 일으켜 이윤재를 1937년 6월 7일에 체포하였다. 일제는 그를 "예전부터 민족주의 사상을 신봉하고, 조선의 독립을 희망하고 살아왔던 자"로 결론지었다. 이윤재는 서대문형무소에 수감되었다. 1년이 넘도록 옥고를 치른 그는 1938년 7월 29일에 보석으로 출옥하였다. 그리고 1938년 11월 3일자로 된 동우회원일동으로 된 '사상전향 표명서'에 동참하였다.

그러나 출옥 뒤 그는 일제에 협조하지 않았다. 다시 조선어사전 어휘 주해작업을 계속하였다. 이후 1941년 11월 17일자로 고등법원에서 수양동우회사건 관련자 36명 전원은 무죄 판결을 받았다.

이처럼 이윤재는 1925년에서 1937년까지 흥사단의 노선을 이은 수양동맹회, 수양동우회, 동우회에서 활동을 하다가 일제로부터 탄압을 받았다. 그렇다면 이윤재가 어떠한 인식을 가지고 이들 단체에서 활동하였는지를 살펴보자.

1926년 그는 「자조와 호조」라는 글에서 건전한 인격과 공고한 단결이 조선 청년 수양운동의 표어가 된다고 강조하였다. 건전 인격과 신성 단결은 흥사단의 2대 강령이기도 하였다. 이것은 그대로 수양동우회의 2대주의(건전인격 공고단결)로 이어졌다.

이윤재는 「조선사람이거던」이라는 글에서 과거 우리 사회에서 하여

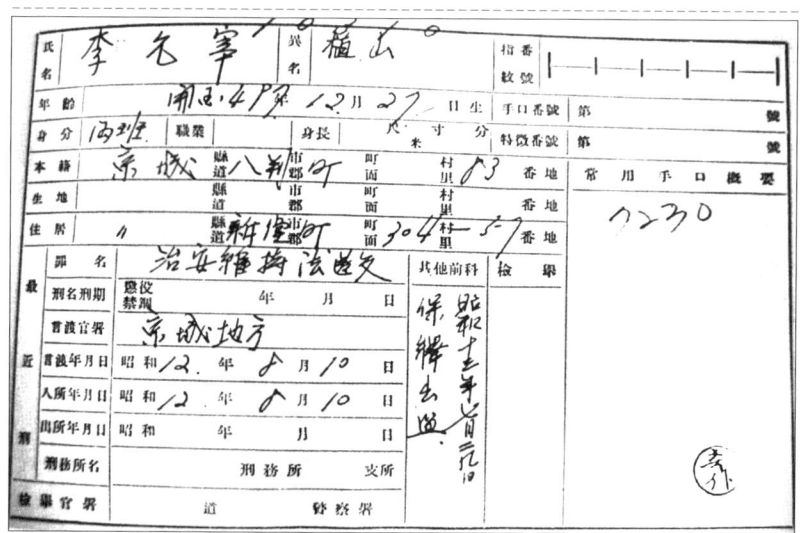

서대문형무소 수형자 기록 카드 '이윤재' 부분

온 일이 허위, 공상, 휼사譎詐, 겁나怯懦로만 지내왔기에 사업이 오래 지속하지 못하였고 쉽게 실패하여 왔다고 진단하면서, 오늘부터는 무실·역행·신의·용기로 바꾸어 나가자고 역설하였다. 이것을 새조선 건설의 유일 요결要訣이라고 주장하였다.

그리고 과거 각종 운동이 실패한 요인에 대해 1927년 그는 「우리의 수양운동(일)」이라는 글에서 "첫째로 일하는 그 사람의 인격이 건전하지 못함이요 둘째로 일하는 그 덩이의 단결이 공고하지 못함에 있다"고 분석하였다. 그러면서 그는 "○○운동 성공의 비결이 무엇이더냐. 곳 내가 허락한 단체의 목숨을 들이어 바치는데 있다"고 역설하였다.

요약하면 이윤재는 독립을 이루기 위해서는 민족 구성원 개개인이 수양동우회의 4대 정신(무실, 역행, 신의, 용기)을 가지고 덕육·지육·체육을 수련하여 인격을 건전히 하며, 건전한 인격자들이 각종 단체에 참여하여 단결을 공고히 하여 단체를 위해 목숨을 바쳐야 한다고 주장하였다. 물론 그는 조선의 형제자매들에게 수양동우회에 나와 같이 일하자고 호소하였다.

또한 1927년 이윤재는 전민족의 공통 희망은 민족의 독립이라고 「희망의 신년」이라는 글에서 밝혔다. 이 글에서 그는 "자, 오늘부터는 우리가 전민족적으로 대방침을 세우고 대계획을 정하자. 그리하여 너니 나니 가리지 말고 오직 한 깃발 아래 모여서 저기 보이는 한 목표를 향하여 서로 손목 잡고 나아가자. 이것이 이 신년에 정할 조선 민족의 만전지계라 부르짖는다"고 주장하였다.

결국 이윤재는 수양동우회 기관지인 『동광』을 통해 개개인의 인격 혁명과 전민족의 단결을 통해 민족해방을 달성하자고 역설하였던 것이다.

1930년대에 들어 각종 단체의 운동이 활발해지자 이윤재는 다음과 같이 기술하면서 감격하였다.

> 조선은 최근 삼일3·1 이후 급격한 변화를 보게 되었다. 민족운동, 사회운동, 문화운동, 노농운동, 여성운동, 소년운동 등이 소리를 가지런히 하여 일어나 조선같이 남달리 어려운 처지임에도 불구하고 웅비의 기세로 꾸준히 나아가는 것은 과연 조선 유사 이래 처음 있는 신현상일 것이다. 이에 대하여 어느 것이나 할 것 없이 우리로 하여금 감격하지 않는 것이 없다.

안창호는 흥사단을 이끌어 나가며 대공주의大公主義를 제창하였다. 수양동우회에 가입하여 안창호의 임종을 지켜본 오기영은 이를 공을 위해 사를 버리는 주의로 정리하였다. 이윤재는 이것에 충실하고자 했다고 평가할 수 있겠다.

성경 맞춤법 통일에 앞장서다

언제 이윤재가 기독교에 입교하였는지를 살펴보자. 1906년 계성학교에서 공부하던 시절에 그는 성경과목을 통해 신약성경을 공부하였다. 1911년 마산에서 창신학교의 교원으로 있으면서 그는 김해군에 있던 방동교회에도 다녔다. 그가 이 시기에 기독교 신자로서 입교하였다는 사실을 다음의 글에서 확인할 수 있다. 그는 「구주탄생」이라는 글을 1911년 12월에 발간된 『예수교회보』에 게재하였다. 아래 이윤재의 글은 필자가 오늘날의 맞춤법으로 고쳐 놓은 것이다.

구주탄생
일. 사랑하는 성도들 귀를 기울어
　　구주예수 나신 일 들어보시오
　　경사롭다 십이월 이십오일은
　　일천구백십삼회 성탄절일세.
이. 아시아주 극서편 불네시런국
　　갈릴리도 나사렛 적은 고을에

마리아는 요셉과 혼인한 처녀
　　　요셉이는 옛 임금 다윗의 자손
삼. 하나님이 보내신 천사 가브리엘
　　　주의 명을 받들어 마리아에게
　　　네가 이미 주 은혜 얻었나니라.
　　　수태하여 아들을 낳으리로다.
사. 낳은 애기 이름을 예수라 하라
　　　저기 장차 높고 크게 되리라
　　　마리아는 사나이 모른다한들
　　　주께서는 못할 일 전혀 없도다.
오. 성례 전에 잉태됨 어인 일인가
　　　남편 요셉은 끊고자 생각할 때에
　　　주의 사자 이르러 현몽하는 말
　　　「너희 아내 마리아 데려오기를
육. 염려마라 저에게 잉태한 것이
　　　성신으로 됨이니 아들을 낳아
　　　자기 백성 저 죄에 구원하리라
　　　임마누엘 날 것을 예언한 바라」
칠. 요셉이는 주 앞에 의로운 자라
　　　분부대로 행하여 아내 데려와
　　　생자할 때까지는 동침치 않고
　　　이 일됨을 기다려 지내었더니

팔. 로마황제 가이사 아구시도가
　　명을 내려 천하로 호적하라 하니
　　저승으로 가는 자 많고도 많아
　　베들레헴 이르는 요셉 마리아
구. 사관집이 좁아서 손들만 한 대
　　목수요셉 누구라 용납하리오.
　　서리 오고 바람찬 이날 밤에야
　　마침 거기 해산할 기약 이르러
십. 맏아들을 낳으며 강보로 싸서
　　육축들과 한 가지 구유에 뉘네
　　높고 높은 구주인 줄 누가 알리오.
　　하늘로부터 천군들 하례 드리네.
십일. 양 무리를 지키는 목자들에게
　　주의 영광 비추며 천사 임하네.
　　목자들은 놀라서 떨며 엎드리니
　　천사 일러 가라대「무서워 말라
십이. 너희에게 기쁘고 아름다운 소식
　　가져오니 만민에 미칠지니라.
　　다윗성에 오늘날 너희 위하여
　　그리스도 구주가 나셨나니라
십삼. 이 말씀은 표적이 되는 것이니
　　구유 안에 뉜 것을 차차 보리라」

어느덧 허다한 천사천군들이
소리 높여서 주를 찬송하기를
십사.「거룩하다 지극히 높은 곳에는
하나님께 영광을 돌려보내고
땅에서는 기쁨을 입은 자에게
주 은혜로 평안을 얻으리로다.」

예수의 탄생을 찬양하는 내용을 자세히 담아 지은 글이다. 순 한글로 작성한 것으로 문학성도 높다. 이장렬이 이 자료를 발굴하여 논증하였다.

1913년경 마산의 의신여학교에서 교원으로 재직하고 있을 때, 그가 성경 구절을 칠판에 쓰면서 새 맞춤법으로 고쳐 적어 가르친 일이 있었다. 이 광경을 참관한 학교의 목사가 성경에 적힌 철자와 달리 가르친 일을 문제 삼았다. 목사가 말하기를 "성경에 천지는 없어질지언정 내 말은 한 점, 한 획이라도 변하지 않으리라 하였는데 선생은 어찌하여 그처럼 성경 말씀을 함부로 고치십니까?"라고 하였다.

이윤재는 대답하기를 "네! 저도 그 말씀을 잘 알고 있습니다마는, 성경 말씀이 애초에 한글로 적힌 것이 아닌데 왜 함부로 옮기(번역하)어 박았습니까?"라고 하였다. 이때부터 그는 성경의 철자법이 문제가 많음을 알고 이를 시정하였다. 이후 그는 성경 맞춤법을 주시경이 제시해 놓은 철자법으로 고치자는 주장의 선봉장이 되었다.

한편 마산에서 그는 예수교 청년면려회장과 유년주일학교장으로 다

년간 근무하였다. 1920년 7월에 그는 마산 예수교 청년면려회 부회장에, 경남 기독청년전도단 부단장에 선임되었다. 1921년에는 청년면려회 회장으로 활동하였다. 그러나 그해 그가 마산을 떠나 경성으로 가게 되었기에, 5월 30일 오후 8시 반 마산 문창예배당에서 청년면려회와 주일학교 측이 그를 위한 송별회를 열어주었다. 이윤재의 고별사도 있었다. 이날 모임은 11시에 산회하였다.

1923년 중국에서 귀국한 뒤, 9월에 그는 다시 마산 청년면려회 회장에 피선되었다.

1926년에 그는 「예수 그리스도의 환경」이라는 글에서 예수가 자신의 몸을 희생하여 세상을 구원하였으며, 선으로 악을 이기는 중대한 사명을 제자들에게 맡겼다고 주장하면서 예수의 위대성을 강조하였다.

한편 1927년 김우현이 서울 안국동 소재의 안동교회에서 목사로 있다는 사실을 듣고, 근처 종로구 화동에 살던 이윤재는 그때부터 이 교회에 나갔다. 1917년 이윤재가 마산 의신여학교에 있었을 때 김우현도 마산으로 내려와 근처 창원 소재의 대창학교大昌學校 교사로 부임하였다. 이때 둘은 서로 만난 일이 있었다.

1928년 1월 8일 안동교회 안에 시온회가 창립되었을 때, 이윤재가 초대 회장으로 선출되었다. 나라 없이 떠돌고 있던 유대인들이 표방하고 있던 시온으로 돌아가자는 시온이즘Zionism처럼, 우리나라의 독립을 염원하여 '시온회'라고 이름을 지은 것으로 여겨진다. 시온회는 겉으로 신앙적 단결과 교회 봉사를 도모하며, 기독교 교화운동에 노력한다는 강령을 내세웠다.

시온회는 초기에 월례회를 수요예배 후에 가졌는데, 그때는 강사를 초청하여 강연을 들었다. 이때 이윤재는 직접 자신이 연사로 나섰다. 1928년 5월 21일 오후 8시 간담회에서 그는 '우리나라의 재미있는 역사 이야기'로 강연하였다. 같은 해 11월 12일 시온회 문화부 주최로 열린 한글기념강연회에서 이윤재는 「세종대왕의 성덕」이라는 주제로, 조선어연구회에서 활동 중인 권덕규는 「정음 유통의 내력」을 연제로 강연하였다.

1929년 1월 14일부터 19일까지는 시온회 주최로 안동교회 유치원에서 한글강습회를 진행하였는데, 이윤재를 포함하여 조선어연구회의 인사들이 대거 강연에 참여하였다. 이때 권덕규가 '조선어 문법'을, 이윤재가 '철자법'을, 최현배가 '한글 연구법'을, 정열모가 '문법에 대한 편견'을, 이병기가 '한글과 시조'를, 장지영이 '만몽어연구'를 주제로 강연하였다. 전부 우리말과 글의 중요성을 가르치는 강연회였다고 볼 수 있겠다.

1929년 3월 3일에 이윤재는 안동교회 장로로 선임되었다. 이렇게 시온회가 활발한 활동을 할 수 있었던 데에는 이윤재가 이 조직을 주관하고 있었기에 가능하였던 것이다.

그는 1932년 「나의 총결산」이라는 글에서 일요일에는 교회에 갔다고 밝혔다. 안동 교회의 장로로 활동한 그는 진실한 교인으로 누구에게나 존경을 받았다. 그의 인격이 신격에 가까웠다는 평가를 받았다.

한편 일제시기에 그는 '한글 맞춤법 통일안'에 맞게 성경의 철자법이 고쳐지도록 앞장서서 활동하였다. 그가 관여하고 있던 조선어학회에서도 1934년 대영성서공회에 성경 철자 개정을 청원하였고, 1935년에는 장로회 총회에 성경과 찬송가의 철자 개정을 청원하였다. 이윤재는 다시 1936년 9월에 「성경 철자를 개정하라」는 글에서 이를 강조하였다. 아울러 1941년에서 1942년 9월까지 기독신문사의 주필로 일하며, 기독교 신자들의 정신을 바로세우는 데 기여하였다.

이윤재는 교회의 장로로서 한글운동에 앞장섰기에 '한글 장로'라는 별명까지 얻었다. 이처럼 그는 조선어학회가 만든 한글맞춤법 통일안에 맞는 철자법으로 성경이 편찬되도록 각고의 노력을 하였다.

1930년경 안동교회 이윤재 장로(왼쪽)와 김우현 목사(오른쪽)

그의 노력은 헛되지 않아 1953년 대한성서공회에서 성경을 전부 조선어학회가 완성한 한글맞춤법 통일안으로 고쳐 발행하였다. 이후 이 판본이 성경의 표준판이 되었다.

『조선어사전』 완성에 공로를 남기다

문세영은 일제강점기에 최초로 국어사전인 『조선어사전』을 편찬한 인물이다. 그는 1917년 일본 도요東洋대학 재학 시절 우리말사전이 없는 민족의 치욕을 극복하고자 우리말 어휘를 카드에 작성하기 시작하였다. 조선시대 세종이 한글을 창제하였으나, 이후 조선이 1910년 일제에 멸망할 때까지 우리말 어휘를 수집하고 주해하여 한글로 서술한 사전은 나오지 않았었다.

1921년 귀국 뒤, 문세영은 배재고보와 근화학교의 교원으로 근무하면서 우리말 어휘 카드 작성 작업을 1928년까지 계속하였다. 이후 그는 사전 편찬 작업을 하려고 학교를 사직한 뒤, 1929년부터 본격적인 어휘 뜻풀이(사전 편찬) 작업을 시작하여 1936년에 완료하였다.

문세영은 1936년에서 1937년 6월까지 이윤재로부터 사전의 체제를 정하고 원고를 교정하는 데 도움을 받았다. 이윤재로부터 문세영이 자신의 사전 원고에 대해 교정 받고 있던 모습을 곁에서 지켜본 인물로 신영철이 있다. 신영철은 조선어학회 회원으로, 1936년 이윤재의 집에 기거하면서 이윤재와 문세영의 관계를 지근거리에서 생생하게 엿볼 수 있었다. 그는 「문세영선생이 지은 조선어 사전」이라는 글에서 이렇게 말했다.

> 나(신영철-필자 주)는 이제 이 거책巨冊을 들고 2년 전 환산 선생 서재에 기우寄寓하던 당시를 추억하여 새로운 감개와 한층의 감격이 용솟음함을 느끼는 바이다.
> 당시 청람靑嵐(문세영의 호-필자 주) 선생은 이미 이 사전의 편찬을 끝내고 원고를 인쇄소에 돌려 교정 인쇄 중이었다. 그리하여 선생은 대개 일요일마다 교정을 맡아 보시는 환산 이윤재 선생을 찾아 누상정에서 신당정

까지 10리 이상의 길을 도보로 왕래하셨다.

워낙 한문의 식자植字가 불편하고 또 사전 인쇄가 처음인지라 그야말로 난공정難工程 중인데다가 때마침 '표준말'이 발포되어 두 선생의 고심苦心은 대단하였다.

그뿐 아니라, 교정 처리들에 대하여 두 선생 사이엔 허구한 날을 두고 쉴 새 없이 논전論戰이 계속 전개되었으나, 말 한 마디를 가지고 5분 10분 20분씩이나 백열적白熱的 논전이 계속되어 '결렬'에 이르지나 않을가 근심되는 적이 한두 번이 아니었다. 그러나 두 선생의 신의는 조금도 바뀜이 없었으니, 중후한 환산 노老 선생과 호매豪邁한 청람 선생의 논전은 참으로 진지하였던 것이다.

이리하여 초교初校 재교再校는 뻘겋게 물들어 여백이 없었고 삼교三校 사교四校를 거쳐 어떤 것은 육六, 칠교七校 가까이 보는 것도 있었다. 이러므로 수면數面을 교료校了하려도 열흘 보름 넘겨 걸리매 조판組版은 항상 정체되어 인쇄소의 고통도 여간 아닌 모양이었다.

그러나 이 일을 위하여 가산家産을 경주한 청람 선생의 희생은 보다 더 눈물겨우니 선생의 의식주 그 어느 하나 이 일의 제물 아니된 것이 없다. 그리하여 선생의 환경은 형언할 수 없는 신초辛楚 밑에 때 없이 편책鞭策에 시달림을 받게 된 것이었으나, 선생은 능히 길거拮据 정진하여 마침내 그 만난萬難을 돌파한 것이다.

한 가지 불행한 것은 환산 선생이 졸지에 부자유하게 되시어 이 사전의 교정校正을 대완大完치 못하셨음이니 이는 환산 선생 및 지은이와 아울러 천하인의 한가지로 유감遺憾으로 여기는 점이다.

이 기록에 따르면 1936년 문세영이 인쇄소에서 나온 교정지를 가지고 교정을 보면서, 이윤재에게도 부탁하여 교정을 보았다. 이윤재는 직접 문세영의 사전 원고를 교정해 주었다. 이처럼 문세영은 사전 편찬의 체계부터 교정에 이르기까지 이윤재의 지도를 받았던 것이다. 그러던 도중에 이윤재가 수양동우회 사건에 연루되어 1937년 6월 7일 구속되었기에 교정을 마무리하지는 못하였다. 일제의 탄압 때문에 두 사람의 관계는 단절되고 말았다.

문세영은 1938년 7월에 10여만 어휘에 달하는 『조선어사전』을 발간하였다. 사전 서문에 그는 "이 책을 만들 때 편찬의 체계로부터 교정校正에 이르기까지 애써주신 환산桓山 이윤재李允宰님의 지도指導와 교정에 책임을 져주신 효창 한징님과 (중략) 여러분의 수고하여 주심을 고맙게 여기지 아니할 수 없습니다"라고 이윤재의 지도를 받았음을 밝혔다.

1917년 우리말 어휘 카드를 작성하기 시작한 시기까지 포함하면 사전 편찬에 22년을 투자한 셈이다. 그 뒤 1만 어휘를 보태어 1940년에 『수정증보 조선어사전』을 발행하였다.

문세영의 『조선어사전』은 일제시기에 우리말로 만들어진 최초의 우리말 사전이었다는 점과 해방 이후 국어사전의 역할을 했다는 점에서 의의가 있다. 문세영 사전은 조선총독부가 만든 58,639어의 『조선어사전』(1920)을 능가한 10만 어휘의 우리말 사전을 편찬하였다는 점에서 높이 평가할 수 있다.

조선총독부가 발행한 『조선어사전』은 한자어 40,734(69.5%), 언문어 (순조선말-필자 주) 17,178(29.3%), 이두어 727(1.2%)개로 총 58,639어에 달하였고, 그림이 474개에 이르렀다. 침략자들은 사전에 올린 단어를 한자어는 70%나 되게, 순우리말은 고작 30%에 지나지 않게 만들었다. 사전은 983쪽에 달하고 3단 내리짜기로 되어 있었으며, 10년 만에 나왔다. 그러나 이 사전은 조선말을 일본어로 해석하여 일문으로 기술한 것에 불과하였다. 김윤경은 이 사전에 대해 일본어를 이해하지 못하는 일반인에게는 '그림의 떡'에 지나지 않았다고 비판하였다.

조선총독부가 편찬한 『조선어사전』에서 조선어학회가 16만 어휘를 수록하여 편찬한 『조선말큰사전』으로 넘어가기 전까지 문세영의 『조선어사전』은 징검다리 역할을 하였다. 문세영 사전은 우리 민족이 제대로 만든 조선어 사전이 없는 부끄러움을 해소시켜 주었으며, 우리 민족이 문화민족임을 자부하게 하였다.

그가 이처럼 훌륭한 사전을 편찬할 수 있었음에 가장 큰 도움을 준 인사가 바로 이윤재였던 것이다.

다음 김윤경의 글을 통해 우리는 이윤재가 문세영의 『조선어사전』 편찬에 어떻게 기여하였는지를 알 수 있다.

어느 사전 편찬자(문세영-필자 주)는 매주일 일요일은 쉬는 날이나 밤이면 쫓아와서 자고 먹고 묵삭이면서 그의 손을 빌게 된 일이 있다. 끼니거리가 없지마는 멀리 광나루에 있는 그의 사택에까지 일부러 찾아온 터라 쌀 되를 꾸어 오고 반찬거리를 외상으로 얻어서라도 즐겁게 대접하고 한 이불 속에 재워 가면서 그의 저작을 지도하고 도와주었다.

씨가름 법이라든지 맞춤법이라든지 그 인쇄 체재(그는 인쇄 사정에 밝은 경험이 있음)까지라도 지도한 숨은 저자였다.

그리하여 그 책은 출판되어 많이 팔리기 때문에 상당한 수입이 있게 되었다.

원래 한뫼는 꿈에도 그 노력의 보수를 약속하거나 바라지도 않은 것이다. 그러나 그 저자는 그만치 수입이 생기게 되었다면 한뫼에게 상당한 보수나 사례라도 당연히 있어야 할 일이지마는 고기 한 칼, 쌀 한 되의 사례도 없었다.

나는 한뫼를 보고 웃음의 말 겸 진정의 말로 "그 사전에 그만치 노력하여 주었으니 상당한 보수를 받았겠소 그려. 한턱내시오." 하였더니 그는 쓸쓸히 웃으면서 "보수요? 쓴 차 한 잔 받은 일도 없소." 하였다.

아마 이 사실은 내가 듣고 이제 공개함이 아니라면 영영 숨은 사실로 사라지고 말았을 것이라고 생각된다. 은혜를(필자 삽입, 편집에서 누락된 듯함) 모르는 것은 우리의 민족적 결함인 듯도 싶다.

– 김윤경, 「잊혀지지 않는 사람들, 성경의 표준판과
한뫼 이윤재 선생」, 『신천지』, 1954년 6월

남을 도와주면서도 아무런 대가를 바라지 않는 이윤재의 품성을 이 글을 통해 읽을 수 있다. 동시에 은혜를 모르는 우리 민족의 결함에 대해 김윤경이 지적하고 있는 점은 타당하다고 하겠다.

이 글을 통해 우리는 이윤재가 우리말 사전 편찬에 도움을 청하는 문세영에게 우리말의 품사 분류와 맞춤법을 상세히 지도해 주었다는 중요한 사실을 확인할 수 있다. 문세영이 만든 『조선어사전』의 숨은 저자가

바로 이윤재였다는 점을 김윤경은 증언하고 있다. 이처럼 이윤재는 자신이 만들고 있던 『조선어사전』의 편찬을 뒤로 미룬 채, 지인 문세영이 만들고 있던 조선어사전 편찬의 완성을 위해 헌신하였다.

일제에 체포되어 함흥감옥에서 옥사하다

1940년대에 이윤재는 다시 투옥되었다. 세번째였다. 1942년 일제가 일으킨 조선어학회 사건에 연루되어 같은 해 10월 1일 동지들과 함께 일제 경찰에 체포되어 홍원경찰서에 수감되었다.

일제는 조선어학회의 언어독립운동이 일본제국의 식민통치정책인 국어(일본어)상용정책에 걸림돌이라고 판단하였다. 또한 조선어학회를 해산해야 조선 민족을 말살하기가 수월하다고 여겼다. 식민지 국가의 고유 언어가 없어지면 식민지 국가와 민족은 말살되기 때문이다. 일제의 판단은 정확했다. 일제는 조선어학회의 한글운동을 문화적 민족운동이고 심모원려深謀遠慮한 민족독립운동의 점진 형태로 규정하여 조선어학회 관련자를 검거하여 탄압하였다. 일제의 고등계 형사뿐만 아니라 판·검사도 조선이 수많은 조선어를 조선어사전 편찬과 같은 형태로 보존하면 조선 민족은 영구히 멸망하지 않을 것이라고 결론(「조선어학회 사건 예심종결 결정문」)을 내렸다. 그래서 이들은 조선말글을 유지하여 조선 민족을 영구히 보존하는 조선어학회를 해산하고 그 관련자를 탄압하였던 것이다.

일제가 기필코 조선어학회의 인사들을 치안유지법 위반으로 처벌하고자 했음을 다음에서 확인할 수 있다. 첫째, 일제 형사들이 조선어학회 사무실을 무려 6·7차례나 침입하여 수색하였다는 점, 둘째, 함흥경찰서 형사들이 조선어학회의 대표인 이극로를 3일 동안 물고문을 하여 일곱 차례나 기절시켰고, 무려 열두 차례나 비행기 태우기라는 고문을 하여 초주검을 만들었다는 점이 그것이다. 이런 만행을 자행하여서라도 일제 식민통치 당국은 조선어학회를 제거하고자 하였음을 우리는 읽어 낼 수 있다.

다음은 이윤재가 일제 형사들에게 당한 고문의 실상을 기술한 김윤경의 글이다.

고문拷問(악형)의 종류로 말하면 물 먹이기, 천장 들보에 달아매고 치기(소위 '비행기 태우기' 또는 '학춤 추기'라는 것), 몽둥이로 난타하기, 사지로 버티고 개처럼 엎드리게 하기, 난로 불에 타던 장작개비로 벗은 몸을 지지기, 목도로 정강이를 산적 이기듯 난도질하기, 뺨치기, 발길로 차기, 태질하듯 유도식으로 메어 치기, 먹으로 얼굴에 그림이나 글을 써 붙이고 여러 사람 앞마다 돌아가면서 능욕적 문답을 시키기, 찬물이나 뜨거운 물을 끼얹기, 이밖에 이로 매거하기 어렵다.

물 먹이는 방법은 수술대 같이 긴 상 위에 벌거벗기고 반듯이 젖히어 눕힌 뒤에 두 다리를 상에 붙잡아 매고 두 손은 상 밑으로 내리어 맞잡아 매어 몸을 움직이지 못하도록 하고 그 추운 겨울에 찬물을 온 몸에 쏼쏼 끼얹어 떨리게 하고 한 놈은 머리를 두 다리 사이에 끼도록 상 위에 서서 '빠케쓰'로 나비 물로 술술 내려 쏟는 것이다. 그러하면 숨 쉬는 바람에 물을 아니 마실 수 없이 된다. 그리하면 폐로 물이 따라 들어가게 되는 고로 자연적 생리적으로 숨구멍이 막히고 위胃로 삼키어 넘기게 된다. '기막힌다' 하는 말을 우리는 흔히 쓰지마는 정말 기막힘을 체험하여 보고 그 말을 쓰는 이는 없다. 그리하여 기막히는 일이 얼마나 고통됨을 상상도 못하면서 너무 헤프게 남용하는 것이라고 느끼게 된다. 기가 막히게 되니까 혈액 순환은 중지하게 된다. 곧 까물치게 된다('人事不省', 또는 '氣絶'). 이렇게 되면 그러한 비인도적 야만의 짓을 하던 그놈들도 물 먹이기를 중지한다. 그리하였다가 깨어남을 기다리어 다시 몽둥이로 뭇매질을 하면서 또 물을 먹이는 것이다. 이같이 되면 나중에 징역이 아니라 사형을 내린다 하여도 그들의 요구대로 죄를 얽을 거짓말을 토하지 아니할 수가 없이 된다.

이것을 그들은 소위 '자백하였다'고 상금이나 승급될 것을 예상하면서 즐거워 날뛰며 웃는 것이다. 이같이 겉으로 속으로 찬 물로 식히는 악형을 받고 난 뒤의 춥고 떨림이란 것을 겪어보지 못한 이는 상상도 못할 일이다. 이 고루(이극로-필자 주)는 처음 함흥서에 있는 동안 첫날에는 두 번, 둘째 날에는 세 번, 셋째 날에는 두 번, 모두 일곱 번이나 죽었다가 살아났다 한다. 이와 같이 하면서 조선어학회의 목적이 조선 독립에 있다는 것을 시인하라는 것이다. 고 이윤재님은 이같이 물 먹는 악형을 몇 번이나 당하였는지 유명幽明을 달리하여 물어 볼 길이 없어 알기 어렵거니와, 형사가 나를 위협하면서 하는 말을 들은 기억으로도 그때까지 여섯 번이나 당한 것은 분명하다. 그 중의 한 번은 필자가 한징, 김선기, 김법린 여러분과 함께 당한 일이 있다. 물을 먹이려 할 때에는 나체 행렬을 지어 악형장(홍원서에서는 무도장 옆에 붙은 목간을 이용함)으로 가게 되는데, 먼저 당하는 이를 보이면서 견학하면서 기다리라 하는 것이다. 이는 남의 고통하는 광경을 보고 공포심을 일으키어 속히 자백하게 하려 함이다. 그리하여 때로는 심문하다가라도 쉽게 자백을 하지 않으면, 다른 이의 물 먹는 광경을 견학시키고 와서 다시 심문을 계속하기도 한다.

'비행기 타기'란 것은 짚 베개 위에 올라 서게 한 뒤에 팔을 뒤로 젖히어 두 손목을 맞잡아 매고 그 끈을 허리에 감아 붙이어 매고 목총을 두 팔과 등의 사이로 가로 꿴다. 그리고 천장보에 매어 드리워 둔 밧줄로 그 목총의 중간을 달아 맨 뒤에 발밑에 디디고 선 짚 베개를 툭 쳐 밀어버리면, 사람은 공중에 대롱대롱 달리게 된다. 그리고는 사람을 매암 돌 듯 돌게 하고 때리면서 자백하라는 것이다. 이 고루는 열 두어 번이나 이 악형을 당하였다. 십여 분 동안씩 두어 차례나 죽은 상태에 있었다. 처음에는 고통을 못 이기어 큰 소리로 부르짖게 되지마는 좀 오래 되면 혈맥이 막히어 잠잠하게 되는데, 이는 기진맥진하여 까물치어 죽은 모양에 이른 때문이다.

또 그는 혹독한 난타(亂打)로 말미암아 손톱과 발톱이 빠져서 병신이 되었으며, 몸에 흠집이 생기었고, 늑막염이 생기어 수년 동안 치료를 받았다. 또는 난타로 말미암아 볼기와 사지는 피투성이가 되었고 부르터서 돌작밭처럼 된 일도 있었다. 그리고 몇 달을 두고 계속적으로 날마다 난타를 많이 당한 이는 이윤재, 한징 두 분이다.

– 김윤경, 「조선어학회 수난기」

이와 같은 고문을 조선어학회 사건으로 함경도 홍원과 함흥경찰서에 붙잡혀 간 인사들이 당하였다. 일제는 일명 비행기 태우기(공중전), 물먹이기(해전), 난타(육전) 기타 여러 가지 방법으로 고문하였다. 특히 이윤재는 여섯 번 물고문과 날마다 난타를 당하였고, 한징은 물고문과 날마다 난타를 당하였다. 이윤재가 살아서 감옥에서 풀려남은 기적에 가까웠다.

일제는 조선 강점 초기부터 일본어를 조선인에게 보급하여 일본인으로 만들고자 하였다. 1938년에는 조선어 교과목을 학교에서 폐지하였으며, 일본어상용정책을 통해 조선 민족을 말살하고자 하였다. 그런데 일어상용 노선을 충실히 따르지 않는 민간학술 단체가 있었으니, 바로 조선어학회였다. 이들은 조선 민중의 지지를 받아가며 민족어 3대 규범을 완성하였다. 더구나 민족어 규범으로 된 『조선어대사전』을 기어코 출판하고자 하였다. 이렇게 조선어학회의 인사들은 우리말글이 침략자들에 의해 말살되는 것을 보고 목숨을 걸고 항쟁하였던 것이다. 이러한 조선어학회의 사업은 일제의 조선 통치에 반하는 행위였다. 그래서 일제는 조선어학회를 탄압하고자 사건을 일으켰던 것이다.

일제는 조선어학회의 책임자인 이극로를 함흥경찰서로 데려가 혹독한 심문을 자행하였다. 함남 경찰부 소속 수사계 주임 주병훈朱炳薰(조선인, 창씨명 오오하라大原炳薰)은 이극로가 미국에서 "귀국하여 한글운동을 통해서 독립에 이바지하려는 뜻을 말했다"는 진술을 확보하였다. 이를 바탕으로 일제는 조선어학회와 그 한글운동을 독립운동을 획책한 단체이자 활동으로 결론을 내렸던 것이다.

아울러 일제는 조선어학회가 대한민국 임시정부와 연관되어 독립운동을 하고 있다고 보고, 조선어학회와 관련된 인사들로부터 어떻게 해서든지 자백을 받아내고자 고문도 마다하지 않았다. 특히 이윤재가 1929년 8월에 임시정부에 관여한 김두봉을 만나고 돌아와, 그에게 생활비에 도움을 주고자 200원을 보내준 일이 있었다. 당시로서는 상당한 금액이었다. 일제는 이 일을 빌미로 조선어학회가 상해 임시정부와 내외 호응하여 독립운동을 일으키려고 대한민국 임시정부 요인인 김두봉에게 돈을 걷어 보냈다고 억지 각본을 짰다.

김두봉을 만난 사람이 이윤재였기에, 홍원경찰서에서 일제 경찰의 고문은 이윤재에게 집중되었다. 김두봉을 만난 일 이외에도 이윤재는 3·1운동에 활동한 일, 중국에 유학한 일, 조선의 독립을 목적으로 한 수양동우회에 가담한 일, 진단학회에 가담한 일, 이순신을 성웅으로 신봉한 책자를 지어낸 일 등에 관한 문초를 가혹하게 받았다.

조선인 김석묵金錫黙(창씨명 시바타柴田健治, 또 다른 이름 김건치金健治)과 안정묵安正黙(창씨명 야스다安田稔) 형사는 번갈아 이윤재를 상대로 여섯 번의 물고문과 함께 날마다 난타를 하였다. 한 번은 두 형사가 김선기 앞에서 이윤재를 엎드리게 해놓고 가슴에는 물대야를 놓고 등에는 무거운 화분을 올려놓기도 하였다. 이런 고통을 당한 뒤 이윤재는 이들에게 "오해들 마시오. 내가 안 그럽디까, 각반을 차고 독립운동을 한 적이 있느냐, 각반을 벗고 독립운동을 한 적이 있느냐 묻는다면 '조선어학회는 각반을 벗고 독립운동을 한 시절입니다' 하라는 대로 다 대답을 하였는데 오해들 마시오"라고 순한 어조로 말하였다고 한다.

한편 김석묵(시바타)은 배재학교에서 이윤재에게 배운 제자였다. 그는 매질 잘하기로 이름나 있었다. 그는 '이 선생님'하고 때리고, '이놈의 자식아!'하고 채찍이나 몽둥이로 내리쳤다. 그러나 이러한 때에도 이윤재는 웃음을 띠면서 "여보! 이렇게 할 것이 무엇이오? 무엇을 숨길 것이 있으며 숨길 일이 무엇이 있었소? 한 것은 하였다 하고 아니한 것은 아니 하였다는데도 이같이 하면 거짓말밖에 나올 것이 무엇이겠소?"라고 말하였다. 또한 그는 100번을 맞으면서도 때리는 형사의 손을 붙들고 도리어 웃으면서 "허어! 이러지 말고 신사답게 앉아서 이야기합시다"라고 말하였다.

함경도에 끌려간 31명은 일제 경찰로부터 구타를 당하지 않은 경우가 없었다. 조선어학회 관련 인사들이 건강을 잃어 가자, 일본 형사들은 의사로 하여금 영양주사를 놓아 주게 하였다. 형사들은 주사를 무료로 놓아주는 것이라고 말하였다.

그러나 홍원경찰서에서 함흥형무소로 이감하기 직전에 이들은 조선어학회 관련 인사들에게 각각 주사비를 부담하라고 강변하였다. 가장 많이 매를 맞은 이윤재는 이것을 부담할 길이 없었다. 이윤재가 돈이 없다고 하자, 이들은 집으로 전보를 치라고 하였다. 그러나 이윤재가 부친 전보가 되돌아오고 말았다. 그러자 안정묵은 이윤재를 참혹하게 매질하였다. 이윤재는 "내가 왜 거짓 주소를 대어 속이겠소? 그동안 어디로 옮겨 갔는지 소식이 없으니 어찌 그들의 간 곳을 알겠소?"라고 말하였다고 한다. 이윤재의 이 말은 평생의 친구였던 김윤경이 곁에서 들은 마지막 말이 되고 말았다.

이렇게 회복할 수 없을 정도로 건강을 잃은 상태에서 이윤재는 동지들과 1943년 9월 12일 함흥형무소로 이감되었다. 1943년 9월 18일 일제 검사 아오야기靑柳五郞는 이극로·이윤재·최현배·이희승·정인승·정태진·김법린·이중화·이우식·김양수·김도연·이인·한징·장현식·정열모·장지영 등 16명을 기소하여 예심에 회부하였고, 이강래·김윤경·김선기·정인섭·이병기·윤병호·서승효·이은상·서민호·이만규·권승욱·이석린 등 12명을 직권으로 기소유예 처분하여 석방하였다.

이윤재는 함흥형무소에서도 갖은 고문을 당하였다. 고문의 후유증은 컸다. 1943년 11월 말 이윤재의 처가 함흥형무소에 면회를 갔는데, 남편의 목 부근과 얼굴이 부어 움직이는데 불편하여 보였고, 말을 못하였다고 한다. 이처럼 고문의 후유증을 이기지 못한 채 이윤재는 같은 해 12월 8일 오전 5시 독방에서 옥사하였다. 그의 나이 56세였다. 얼마 뒤 동료 한징도 1944년 2월 22일 함흥형무소에서 옥사하였다.

이윤재의 처가 면회를 다녀온 지 10일 뒤에, 이윤재의 아들 이원갑이 면회를 갔다. 간수는 머뭇거리다가 이윤재의 사망을 알려 주었다. 이원갑은 아버지의 부음을 집에 알렸다.

함흥에 달려온 가족들은 이미 가매장된 아버지를 다시 모셔 수의로 갈아입히려고 감옥에서 입은 죄수복을 벗겼다. 벗겨진 옷은 온통 핏자국으로 얼룩졌고, 피가 엉겨 맺힌 곳이 있었다. 이윤재는 두 눈을 부릅뜬 채로 있었다. 또한 가슴 한복판에 빨갛게 맺힌 피멍이 흡사 꽃이 핀 듯이 영롱하였다. 분명 그의 죽음은 타살이었다.

이원갑은 아버지를 화장하고 유골을 수습하여 유골함에 담아 경기도

1946년 당시 광주군 중대면 방이리에 모신 이윤재 묘소와 묘비

광주군 중대면 방이리(현재 서울 송파구 방이동) 집으로 모셔왔다. 그리고 자택 근처 이윤재가 생전에 개간하여 만든 과수원 근처의 야산(방이리 산 28번지)에 봉분도 없이 가매장하였다.

해방 뒤 1946년 4월 6일 조선어학회 간사장 이극로의 사회로 유족 주택 부근 산상에서 고이윤재 선생 이장식이 성대히 거행되었다. 상주인 이원갑과 이원주의 아버지 유골 봉안, 김윤경의 약력보고, '국학자 환산 이윤재 무덤'이라 새긴 비석 건립, 이희승의 장의준비 보고, 봉분, 폐식 순으로 행사가 진행되었다. 비석에는 비문을 삼면에 새겼는데, 김윤경이 비문을 짓고 이각경이 궁체로 글씨를 썼다. 1962년 대한민국 정부는 그에게 건국훈장 독립장을 수여하였다.

이윤재의 서거 이후 그의 가족 근황에 대해 살펴보겠다. 이윤재의 가족은 노모와 처와 3녀 2남이 있었다. 두 아들은 결혼하지 않은 상태였으며, 딸 세 명은 결혼하여 분가해서 살고 있었다. 이윤재의 모친은 1949년 4월 7일에 별세하였다.

첫째 딸 이순경(1913년생)은 배화여고보를 나온 뒤, 도쿄제대 출신인 남편 김병제와 결혼하였다. 국어학자인 김병제는 일제강점기에 배재고보 조선어 교과 교원으로 근무하면서 조선어학회 회원으로 활동하였다. 해방 이후 그는 조선어학회에서 활동하다가 남북연석회의 이후 처와 함께 월북하였다.

둘째 딸 이무궁화(1917년생)는 동덕여고보를 나온 뒤, 경성제대 출신인 남편 박종식과 결혼하였다. 이윤재는 딸의 이름을 나라꽃인 무궁화로 지었다. 그가 제일 좋아하는 꽃도 무궁화였다. 반면 제일 싫어하는 꽃은 사쿠라였다. 차녀 무궁화는 광복 전에 남편이 평양숭실중학교 교원으로 있어, 북측에 머물렀다. 이후 무궁화는 남동생 이원주(1926년생)를 평양에 데려갔다. 차남 이원주는 김일성종합대학을 나와 번역 작가가 되었다.

셋째 딸 이영애(1921년생)는 숙명여고보 출신으로, 1944년 경성제대 출신인 이혁종과 결혼하였다. 경기도 광주에서 살다가 1951년 대구로 내려갔다.

장남 이원갑(1924년생)은 광복 후 아버지를 고문치사 시킨 안정묵이라는 형사가 경기도 광주경찰서에 근무하고 있다는 사실을 알고, 1946년 10월 20일 동료들과 함께 이 경찰서를 습격하였다.

한편 일제시기 이윤재와 한징을 매질하여 죽인 함흥경찰서 고등계

형사부장 김석묵은 해방 후 서울 본정 경찰서 경무계 차석주임으로 근무하다가, 독직사건을 저질러 검거되었다. 그는 1946년 4월 11일 재판에서 1년 6개월의 구형을 받았다.

경찰서를 습격해 검거된 이원갑을 위해 조선어학회 이극로 간사장은 1947년 6월 10일 2회 공판 때 특별 변론을 하였다. 그는 '일제시대에 고 이윤재 선생을 고문한 형사가 광주경찰서에 근무하고 있었다 하니, 아버지의 원수를 갚는다는 뜻을 어느 아들이 안 품겠습니까?'라고 말하였다(『1947년 형상제117, 118호 판결』). 그가 눈물어린 대열변으로 재판정을 숙연하게 한 변론 요지가 『자유신문』(1947년 6월 12일)에 다음과 같이 게재되어 있다.

인간생활은 법적 조문만으로 생각할 수 없다. 피고 이원갑군은 삼일운동 흥사단사건 그리고 1942년 홍원에서 발생한 어학회사건에 우리 민족의 재부흥을 위하여 싸우다 옥사한 애국열사 이윤재 선생의 장남이며 원갑군의 성격과 가정교육 상태를 보아도 도저히 방화 살인을 하였을 리가 없는 그가 경찰서 습격에 참가한 원인으로는 어학회사건 때 홍원서의 고등계형사로서 우리 조선어학도를 고문학살하든 자가 광주사건 당시 광주서에 근무하였든 것이 그의 공분을 자아내게 한 이유의 하나일 것이다. 애국열사의 유가족을 보호하지는 못하나마 그를 일종의 복수심리를 맞도록 이러한 환경에 몰아넣고 결국 극형에 처한다는 것은 민족적으로 유감된 일이다.

「한글학자들을 학살한 고문의 원흉 경찰에 피착」, 『자유신문』, 1946년 2월 13일

    이원갑은 1947년 6월 10일 공판정에서 살인방화의 주범으로 추궁된 데 대하여 "자기는 단지 광주경찰서 뒷문에 대기하고 있다가 다른 사람이 압수해 온 무기를 운반하는 임무 이외에는 살인과 방화에는 전연 관련한 일이 없다"고 강경히 주장하였다. 그러나 1947년 6월 24일 서울지방심리원 대법정에서 열린 1심 판결에서 박원삼 주심主審으로부터 그는 징역 12년형을 언도받았다. 이후 수감되어 복역하다가, 6·25전쟁

국립대전현충원 이윤재 묘소

중에 석방되어 월북하였다.

　1951년 셋째 딸 이영애는 남편과 함께 어머니를 모시고 대구로 내려갔다. 그러나 남편의 사업 실패로 아버지 이윤재의 경기도 광주군 소재의 집과 묘소는 남에게 매도되었다. 그러다가 1973년 봄 이윤재의 묘소는 경상북도 달성군 다사면 이천리(현재 대구광역시 달성군 다사읍 이천동)로 다시 이장되었다. 이윤재의 처 정달성은 1974년 2월 7일 별세하였다.

　필자는 이윤재의 묘소를 국립묘지로 옮겨야 한다고 판단하여, 유족을 설득하였다. 2013년 9월 28일 국립대전현충원 애국지사 묘역에 안장되었다.

02 우리말글 연구와 보급운동

민족어 규범 수립 운동에 참여하다

일제강점기 조선어학회는 한글운동을 전개하였다. 이 시기 한글운동은 '한글'이라는 조선 글자만을 연구하고 보급하는 운동을 지칭한 것이 아니었다. 한글운동은 당시 주시경의 노선을 이은 한글운동 당사자들이 사용한 용어로, 일본어 상용과 대비되는 의미가 있었다. 이극로는 "한글운동은 조선말과 글을 과학화하는 것이니, 곧 그것을 통일하며 널리 알리는 것이다"라고 규정하였다. 최현배는 "조선말과 조선글의 과학적 연구와 통일 및 보급을 목적한 주(周) 선생의 한글운동"이라고 규정하였다. 즉 한글운동은 일제시기의 역사성을 반영한 용어였다.

조선어학회가 전개한 한글운동은 우리 민족의 말과 민족문자인 한글을 연구·정리·보존하여 민족과 민족성을 영구적으로 유지하려는 운동이었기에, 민족해방운동이요 언어독립운동이었다. 그래서 일제는 '조선어학회 사건'(1942)을 일으켜 한글운동을 전개한 조선어학회 회원들을 혹독하게 탄압하였던 것이다.

　조선어학회는 민족어의 규범을 수립하고자 하였다. 한글 맞춤법 통일, 표준어 사정査定, 외래어 표기법 제정이 민족어 규범 수립 운동에 해당한다.

　구미 선진국의 경우 국가의 언어 규범 수립 운동인 국어철자법 통일, 표준어 제정, 외래어 표기법 확정, 국어사전 편찬은 국가기관에서 추진하고 있었다. 그러나 조선의 경우 식민지 상태에 있었기 때문에 불가능하였다. 일제 식민통치 당국은 이러한 사업에 관심이 없었다. 일제는 조선에서 하나로 통일된 한글 맞춤법을 제정한다든지, 조선어의 표준말을 확정한다든지, 조선어로 된 외래어 표기법을 제정한다든지, 한글로 서술된 조선어사전을 편찬할 의도가 없었다.

　이에 주시경의 노선을 계승한 조선어학회는 민족의 언어 규범을 세우는 사업을 자신들이 하고자 하였다. 국가기관에서 추진해야 할 사업을 일개 민간학술단체가 대신한 것이다. 이를 위해 조선어학회는 크게 세 가지 사업인 한글 맞춤법 제정, 표준어 사정, 외래어 표기법 제정을 추진하였다. 이 사업에 이윤재는 한글운동의 핵심인물로서 조선어연구회와 조선어학회에서 활동하였다.

　이윤재는 이극로와 함께 조선어연구회를 조선어학회로 개명하여 1931년 1월 10일에 출범시켰다. 그는 5대(1935~1936)·6대(1936~1937)·7대(1937. 6)까지 조선어학회의 출판부 간사로 있다가 수양동우회 사건으로 수감되었다.

　먼저 이윤재가 민족어 규범을 수립하는 데 어떤 활동을 하였는지를

朝鮮語學會定總

시내 회동 一二九번지 조선어학회에서 지난 十一일 오후 四시에 제十六회 정기총회를 열고 개회 간사장 이희승(李熙昇)씨의 사회하에 일년간 경과 보고와 규칙수정과 회무반전에 대한의 안을 토의하고 임원을 개선한 바 그 씨명은 아래와 갓다

幹事長 李萬珪 經理部長 李克魯 部會計
庶務部長 金允經
長 崔鉉培 出版部長 李允宰
書部長 李熙昇

이것도 親舊 경찰에 잡혓다

부내 체부정(體府町) 六二번지 박윤식(朴潤植)(二○)은 작년 十二월초순경 엇던 친구가 집 한채 사려는 것을 알고 경성건물회사(京城建物會社) 사장이 자기와 매우 친한 터이라 보통 시세보다 싸게 살수 잇다하고 계약금 一百二十원을 바더서 침명하야 종적을 감추고 잇던중

"천연두평양부내에 습래하엿다 속발의 조잇다"라고 부민에게 경고를 주엇다

「조선어학회 정총」(『매일신보』, 1936년 4월 13일). 여기에 조선어학회의 임원명단이 소개되어 있다.

살펴보겠다.

첫째로, 한글맞춤법에 대한 연구를 활발히 하였다. 1926년부터 우리글의 맞춤법 통일에 관심을 보인 그는 「조선글은 조선적으로」(『신민』, 1926년 5월)에서 우리글의 사용에 대해 다음과 같이 주장하였다. 첫째, 순국문으로 문자 생활을 해야 한다. 조선말에 한문을 넣는 것은 일문이나 영문까지 함께 넣는 것이나 마찬가지라고 주장하였다. 그는 문자생활에서 국한문혼용을 반대하였다. 우리말에 한문음으로 된 말을 한자로 쓴다면 일어로 된 것은 일문으로, 영어로 된 것은 영자로 써야 할 것이 아닌가라고 반문하며, '나는 점심밥과 우유와 차를 먹었다'라는 말을 쓸 때 '나는 ベんトウ와 Milk와 茶를 먹었다'로 쓰는 것은 기괴한 글이 된다고 하면서, 우리글에 한자를 넣어 사용해서는 안 된다고 역설하였다. 둘째, 말소리 나는 대로 글을 쓰는 것이 원칙이라고 주장하였다. 예전 소리를 쓰는 것이라든지, 한문을 많이 쓰는 것이라든지, 외국 말을 남용하는 것은 절대로 옳은 일이 아니라는 것이다. 그는 '소래'를 '소리'로, '일흠'을 '이름'으로, '아해'를 '아이'로 고쳐 써야 하며, 또 비록 한문으로 된 말이라도 이미 우리말이 된 것은 우리말 소리에 맞게 써야 한다고 하였다. 즉 '텬디'를 '천지'로, '됴선'을 '조선'으로, '뎐챠'를 '전차'로 고쳐 쓰는 것이 옳다고 밝혔다. 셋째, 어근에 맞게 글을 써야 한다고 하였다. 말을 어근에 맞게 쓰는 것은 문법을 정리하는 데 가장 필요한 것이다. 가령 '사람이 집에서 일을 하오'라는 말을 '사라미 지베서 이를 하오'라고 써서는 틀리다고 주장하였다. 그리고 '달이 발가서'를 '달이 밝아서'로, '산이 놉하서'를 '산이 높아서'로 써야 옳다고 하였다. 넷째, 받

침은 모두 쓰자고 하였다. 받침을 ㄱ, ㄴ, ㄹ, ㅁ, ㅂ, ㅅ, ㅇ에만 한하고 ㄷ, ㅈ, ㅊ, ㅋ, ㅌ, ㅍ, ㅎ들은 쓰지 아니한 것은 잘못이라는 주장이다. 이 주장은 조선총독부가 제정한 1차와 2차 언문철자법을 비판한 것이다. 그는 어근에 맞게 글을 쓰려면 모든 받침을 써야 한다고 주장하였다. 이상과 같은 주장은 그가 참여하여 제정한 『한글맞춤법 통일안』(1933)에 포함되었다.

1926년 11월 「필부정筆不精의 치恥」라는 글에서 그는 철자법 통일이 급무라고 강조하였다. 이에 대해 안확이 「조선어의 실제實題」(『동광』, 1926년 12월)에서 철자법을 개량하며 문체를 통일하는 일은 쓸데없는 것이라는 글을 발표하자, 이윤재는 「안확 군의 망론을 박함」에서 철자법 통일운동이 필요함을 역설하고 안확의 주장을 비판하였다. 그는 안확의 주장과 달리 'ㄷ, ㅈ, ㅊ, ㅌ, ㅍ, ㅎ'들을 다 받침으로 쓰며, 된시옷 대신에 병서체로 고쳐 쓰고 'ㆍ'를 폐기하자는 주장에 찬성하였다.

1929년 12월 이윤재는 「한글강의, 4강 우리글을 어떻게 쓸까」(『신생』)에서 표음식 대신에 어근을 찾아 쓰는 문법식으로 우리글을 쓰자고 주장하였다. 그리고 1930년 5월과 6월에 걸쳐 그는 「한글강의, 7강 된시옷이냐 병서냐(상)」, 「한글강의, 8강 된시옷이냐 병서냐(하)」에서 된시옷은 역사상으로 근거도 없고, 음리상音理上으로도 틀린 것이므로 폐기하고 대신에 'ㄲ, ㄸ, ㅃ, ㅉ'들처럼 세종이 정한 병서법으로 쓰자고 주장하였다. 병서법의 정당성을 그는 「방편자 유희의 언문지」(『동아일보』, 1931년 1월 5일)라는 글을 통해 19세기 유희가 '된시옷'법을 부인하고 '병서법'을 주장하였다고 재차 확인하였다.

이상과 같은 이윤재의 주장은 1931년 그가 편찬한 『문예독본』(상, 하)의 부록 '한글철자법 일람표'를 통해 체계적으로 정리되었다. 즉 된시옷을 쓰지 아니함(ㄲ, ㄸ, ㅃ, ㅉ 등으로 대신 씀), ㆍ는 쓰지 아니함, 받침(더 쓸 받침 : ㄷ, ㅈ, ㅊ, ㅋ, ㅌ, ㅍ, ㅎ, ㄲ, ㄳ, ㄵ, ㄶ, ㄺ, ㄻ, ㄿ, ㅀ, ㅄ), 어간의 불규칙, 어미의 불규칙, 어근, 홀소리의 고름, 닿소리의 고름, 줄인 말, 한자음을 표음적으로 씀, 구두점, 구절 떼는 법 등으로 나누어 상세히 설명하고 있다. 이것은 일제가 제정한 언문철자법을 비판한 것이었다. 그가 제시한 일람표는 1933년 조선어학회가 제정한 『한글맞춤법 통일안』에 반영되었다.

『문예독본』은 나라와 국어가 일제에게 강탈당한 시기에 중등 이상 모든 학교에서 조선어과의 보습補習과 작문의 문범文範으로 쓰도록 만든 책이었다. 즉 그는 일제가 만든 재미없고 의미 없는 「조선어급한문」 교과서의 대안으로 이 책을 편찬하여 조선어 교과서로 대용하여 줄 것을 희망하였던 것이다.

계속해서 이윤재는 1932년 3월과 4월에 걸쳐 「한글철자법강좌」(『신생』)에서 자신의 한글철자법을 홍보하였다. 특히 1932년 4월호 『동광』에 발표한 「한글철자에 대한 신이론 검토, 대답할 나위도 없다」라는 글을 통해 그는 박승빈의 주장, 즉 ① '된시옷'을 쓰자. ② 「먹」食「믿」信을 어근으로 하지 말고, 「머그」「미드」를 어근으로 하자. ③ 「ㅎ」받침은 불가하다라는 주장을 조선어학회의 동지들인 이극로, 김윤경, 최현배 등과 마찬가지로 신랄히 비판하였다. 그는 ① 병서법이 음리音理에 맞고 훈민정음에도 정하여 두었기에 맞다. ② 어간과 어미를 구별하여 쓰는 것이 맞다. ③ 자음을 받침으로 모두 쓴다고 주장하였다.

또한 이윤재는 1932년 7월호 『한글』에 발표한 「변격 활용의 예」라는 글에서 허다한 우리말 가운데 어법의 불규칙에 해당하는 말이 있다고 하면서, 불규칙의 규칙이 있어서 이를 깨닫기가 어렵지 않다고 설명하였다. 이 글에서 그는 『문예독본』의 부록인 '한글철자법 일람표'에 나오는 어간의 불규칙과 어미의 불규칙 내용을 확장하여, 우리말의 불규칙 변격활용의 예를 상세히 소개하였다. 이와 같은 내용도 『한글 맞춤법 통일안』에 반영되었다.

이처럼 이윤재는 주시경의 형태주의 철자법을 바탕으로 이를 계승하면서, 특정 부분에서는 한 걸음 더 발전시켰다.

둘째로, 한글 맞춤법 통일안의 제정에 참여하였다. 주시경의 학설을 계승한 조선어연구회(뒷날 조선어학회)에서는 조선총독부의 언문철자법이 미흡하여 보다 합리적이고 과학적인 한글 철자법을 제정하고자 1930년 12월 13일부터 1933년 10월까지 만 3년 동안 추진하였다. 이윤재도 1930년부터 조선어학회가 추진한 한글 맞춤법 통일안의 제정위원, 수정위원, 정리위원으로 3년간 활동하였다.

조선어연구회는 1930년 12월 13일에 열린 총회에서 한글 맞춤법 통일안을 제정하기로 결의하였다. 이 날 통일안 제정위원 권덕규, 김윤경, 박현식, 신명균, 이병기, 이희승, 이윤재, 장지영, 정인섭, 최현배, 정열모, 이극로 12인을 선정하였다.

철자법 제정 위원 12인은 2년간 심의를 하여 1932년 12월에 맞춤법 원안의 작성을 마쳤다. 아울러 조선어학회는 1932년 12월 22일 임시총

개성 고려청년회관에서 열린 한글 맞춤법 통일안 제1독회에 참여한 위원들의 모습(철자법 제정위원 : 권덕규, 김윤경, 박현식, 신명균, 이병기, 이희승, 이윤재, 장지영, 정인섭, 최현배, 정열모, 이극로, 이만규, 이세정, 이상춘, 이탁, 이갑, 김선기). 1933년 1월 4일 촬영. 앞줄 오른쪽에서 네번째가 이윤재

회를 열어 제정위원 이만규, 이세정, 이상춘, 이탁, 이갑, 김선기 6인을 증선하였다.

18인 위원은 개성에서 제1독회(1932년 12월 26일~1933년 1월 4일)를 열어 그 원안을 토의하였다. 이때 18인 위원 모두가 출석하였다. 위원들은 90항목을 토의 결정하였다. 이후 다시 수정하기 위해 수정위원 권덕규, 김선기, 김윤경, 신명균, 이극로, 이윤재, 이희승, 장지영, 정인섭, 최현배 10인을 선정하였다. 그리고 1933년 1월 4일 폐회하였다.

6개월이 지나 수정이 마무리되자, 철자법 제정위원 전체가 다시 참여하여 화계사에서 제2독회(1933년 7월 25일~8월 3일)를 열었다. 이윤재도 참여하여 수정된 안을 다시 검토하였다. 열띤 토론이 전개되었다. 이때 심의된 안을 다시 정리하기 위해 정리위원 권덕규, 김선기, 김윤경, 신명균, 이극로, 이윤재, 이희승, 정인섭, 최현배 9인을 선정하였다. 이후 1933년 8월 3일 폐회하였다.

1933년 10월 19일 조선어학회는 임시총회를 열어 최종안을 가결하였다. 이상과 같이 철자법 제정 위원들이 중심이 되어 3년에 걸쳐 총 433시간, 125차례 회의를 하여 통일안을 완성하였다.

회의 도중에는 위원들 간의 이론 대립이 있어 흥분한 나머지 함성을 지르거나 도중에 퇴장하기도 하고, 다음날 결석하기도 하였다. 심한 경우 걸상을 내던지기도 하였다. 이윤재, 이극로, 정열모 등은 주로 최현배와 이론적으로 다투었다. 이극로와 이윤재, 신명균은 늘 생각이 비슷하였다. 이럴 때마다 이극로는 위원들의 집으로 찾아가서 민족을 위해 참석하자고 해서 다시 모였다고 한다. 이윤재도 늘 중재를 하였다. 그는 일본인 앞에서 겨레의 분열을 드러내는 것을 죽기보다 싫어하여 학술토론회에서 중재에 앞장섰다.

통일안 제정 과정이 학문적 기초 위에서 합리적으로 이루어진 것임을 당시 정리위원으로 활동한 이윤재의 「한글 맞춤법 통일안 제정의 경과 기략」(『한글』 10, 1934년 1월)이라는 다음의 글에서 확인할 수 있다.

우리는 세종대왕의 창의적 정신과 한힌샘 주시경 스승의 희생적 노력

화계사에서 열린 한글 맞춤법 통일안 제2독회 회의를 마치고 촬영(1933년 8월 3일). 15인 출석(권덕규, 김윤경, 신명균, 이병기, 이희승, 이윤재, 정인섭, 최현배, 정열모, 이만규, 이세정, 이상춘, 이탁, 이갑, 김선기). 뒷줄 오른쪽에서 두번째가 이윤재(『조선중앙일보』, 1935년 10월 28일).

을 체득하여, 가장 신중히 고려하며 가장 엄밀히 처리한 것이 이 통일안의 정신이요, 결코 어느 일개인의 독단적 의사를 맹종하였거나 몇 개인의 우물우물하여 만든 것과는 달라서, 학리적 기초 위에서 다수인의 의견을 종합하여 이룬 것이다. 즉 위원 18인 중에도 그 연구의 태도와 문법적 견해가 각기 다른 것만큼 의견의 불일치한 때가 많아서, 토의 중에는 심지어 피차에 정의를 손상할 정도까지의 격론도 없지 아니하였다. 이러한 것을 모두 조화하고 절충하여 가장 합리적으로 성안한 것이니, 이것은 전체를 통하여 어느 한편에만 치우친 일이 절대로 없는 것이다. 이 의미에서 통일안이란 이름이 더욱 적당하다 한다.

역사적인 한글 맞춤법 통일안은 1933년 10월 29일 오후 5시 30분 한글날에 반포되었다. 조선어학회는 같은 해 63쪽에 달하는 『한글 맞춤법 통일안』을 발간하였다. 이윤재는 『한글 맞춤법 통일안』의 보급을 위해 1933년 11월 12일에서 12월 20일까지 '한글 맞춤법 통일안' 해설을 31회에 걸쳐 『조선일보』에 연재하였다.

조선어학회는 『한글 맞춤법 통일안』을 1937년에 개판改版하여 발간하였는데, 이윤재는 김윤경, 이극로, 이만규, 이희승, 정인승, 최현배 등과 함께 수정위원에 선임되어 한글 맞춤법 통일안의 용어와 어례語例를 전부 수정하였다. 이후 조선어학회는 한글 맞춤법 통일안의 완벽을 위해 일부 조항을 개정하여 『개정한 한글 맞춤법 통일안』을 1940년 10월 20일자로 발간하였다.

조선어학회의 기관지인 『한글』은 한글 맞춤법 통일안을 독자들에게 널리 알리고자 1934년 8월호에 '하기 한글지상 강습호'를 특집으로 다루었는데, 이윤재는 「5강 받침」 부분을 맡아 기고하였다. 그리고 이병기가 「1강 말과 글」을, 이극로가 「2강 조선말소리」를, 김윤경이 「3강 된소리」를, 권덕규가 「4강 습관소리」를, 이희승이 「6강 'ㅎ'받침」을, 최현배가 「7강 씨끝바꿈」을, 신명균이 「8강 한자어」를, 김병제가 「9강 표준말」을, 최현배가 「10강 씨갈래」를, 김윤경이 「11강 조선글 연혁」을 기고하였다. 1934년 11월호에는 '한글 맞춤법 통일안

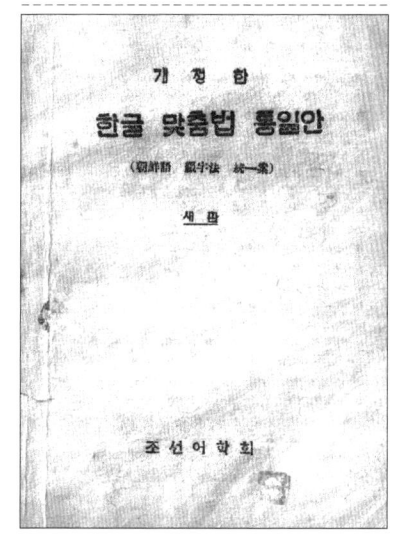

『개정한 한글 맞춤법 통일안』(1940)

해설호'를 다루었는데, 이윤재는 「총론과 제1장 자모」 부분을 해설하였다. 그리고 이희승이 「제2장 성음에 관한 것」을, 최현배가 「제3장 문법에 관한 것」을, 김윤경이 「제4장 한자어」를, 이극로가 「제5장 약어」와 「제6장 외래어 표기」, 「제7장 띄어쓰기」, 「부록」을 해설하였다.

한편 박승빈을 중심으로 구성된 조선어학연구회에서는 1934년 1월 『정음』지를 발간하여, 조선어학회가 발표한 한글 맞춤법 통일안에 대해 집요하게 반대 운동을 전개하였다. 이에 대해 조선어학회 측도 반박하였다. 그러자 조선어학연구회 측에서는 한글 철자법을 반대하고자 서울 시내 중등학교 학생들까지 선동하였으며, 학생들의 진술과 상반된 허위 기사까지 자신들의 기관지인 『정음』에 게재하였다. 이에 대해 이윤재는

「필경 학생까지 선동하느냐?」(『한글』 22, 1935년 3월)라는 글을 게재하여 이들의 움직임을 신랄히 비판하였다.

한글 맞춤법 통일안이 나오기 전에 이윤재는 새 맞춤법으로 잡지 『동광』이 나오게 하였으며, 1930년 11월부터 1932년 6월까지 동아일보가 신설한 「한글질의란」에서 독자들의 한글철자법이나 한글 관련 질문에 상세히 답변하였다. 또한 동아일보사 편집국에 찾아가 기자들에게 한글 맞춤법대로 기사를 작성하도록 교정을 해주기도 하였다. 그리고 기독교, 불교, 천주교 등 종교 단체의 잡지 편집자를 직접 찾아가서 통일안대로 맞춤법을 쓰기를 권유하였으며, 기독교 성서를 한글 맞춤법으로 고치는 데도 앞장섰다. 그는 기독신문사의 주필로 근무하면서 새 맞춤법 통일안대로 신문을 고치는 데 성공하였다. 또한 출판업자를 찾아다니면서 새 맞춤법을 쓰기를 권장하고, 무료로 교열을 봐주었다. 문학전집에 '한글 교정 이윤재'라는 글을 내세워야 권위가 섰을 정도였다고 한다.

이처럼 이윤재는 조선어학회의 동지들과 한글 맞춤법 통일안을 제정하는 데 헌신하였다. 그가 관여하여 완성된 『한글 맞춤법 통일안』은 해방 이후 남북한에서 그대로 적용되어 교과서의 서술도 여기에 따랐다. 해방 뒤에는 이 통일안이 모태가 되어 남북의 철자법에 사용되고 있다.

셋째로, 조선어 표준어 사정査定 작업에 참여하였다. 1935년 1월 조선어학회가 조선어 표준어를 사정할 때 사정위원과 수정위원으로 활동하였다.

일제강점기까지 우리 민족의 말과 문자에는 표준어가 정해져 있지 않고 각 도의 사투리가 난무하고 있었다. 합리적인 언어생활을 위해 표준어를 정하여 써야 함은 너무도 당연한 일이었다. 또한 표준어의 제정은 조선어사전을 편찬하는 데 반드시 선결되어야 할 과제였다. 그리하여 조선어학회가 추진하던 표준어 사정 작업에 그도 적극적으로 참여하여 커다란 공적을 남겼다.

1934년 12월 2일 조선어학회는 임시총회를 열어 표준어 사정 문제를 결의하였다. 표준어 사정을 위한 독회讀會를 온양에서 열고, 사정위원은 회원 이외에 각 도별로 하되 서울 말을 표준으로 하기에 서울 및 경기 위원이 총 위원의 반수가 되게 하였고, 그 외의 반수는 방언에 대한 참고를 위하여 각 도별로 위원 수를 배정하였다. 사정위원 40명의 명단은 다음과 같다.

권덕규·김극배·김병제·김창제·김윤경·김형기·문세영·박현식·방신영·방종현·백낙준·신윤국·신명균·서항석·안재홍·윤복영·이갑·이강래·이극로·이기윤·이만규·이명칠·이병기·이세정·이숙종·이운용·이윤재·이탁·이태준·이호성·이희승·장지영·전필순·정열모·정인섭·차상찬·최현배·한징·함대훈·홍에스터

표준어 사정을 위한 독회는 1935년부터 열리기 시작하여 1936년에 끝을 맺었다. 1935년 1월 온양온천에서 열린 제1독회(1월 2~6일)에서는 미리 준비하였던 사정안을 토의하였다. 이때 32인이 출석하였는데, 아침 9시부터 밤늦게까지 표준어 하나를 놓고 몇 시간이고 갑론을박하였다. 단어 하나의 문제를 놓고 진지하게 토론하였던 것이다.

1935년 1월 6일에 사정위원들은 이순신의 사당이 있는 현충사를 참

온양에서 열린 조선어 표준어 사정위원회의 사정위원들 모습. 두번째 줄의 오른쪽 두번째가 이윤재

배하고 기념촬영도 하였다. 이후 수정위원 16명을 선정하여 다시 수정하게 하였다. 수정위원 16인의 명단은 다음과 같다.

김창제·김윤경·김형기·방종현·신윤국·안재홍·이극로·이기윤·이만규·이숙종·이윤재·이호성·이희승·최현배·한징·홍에스터

그 뒤 조선어학회에서는 조선어 표준말 사정의 거족적인 민족적 권위를 확보하고자 사정위원을 30명 늘렸다. 증선된 위원은 다음과 같다.

공탁·구자옥·김동환·김두헌·김양수·김태원·김활란·김희상·박윤진·백상규·신인식·안석주·양주동·염상섭·옥선진·유진오·유형기·윤일선·이관구·이유응·이원철·이종린·이헌구·장현식·정노식·

조기간·조용만·조용훈·조헌영·최두선

지역적 안배까지 고려하여 교육계, 종교계, 언론계 등 조선 사회의 각계각층 인사를 망라하여 총 70인이 선정되었다.

그 뒤 경기도 우이동 봉황각에서 제2독회(1935년 8월 5~9일)를 열었다. 30명의 위원이 출석하였으며, 먼저 토의한 수정안에 대해 재차 토의하였다. 그리고 수정위원 25인을 선정하여 이를 수정하게 하였다. 수정위원의 명단은 다음과 같다.

김동환·김양수·김윤경·김형기·김희상·김창제·문세영·방종현·신윤국·안재홍·윤복영·이극로·이기윤·이만규·이숙종·이윤재·이종린·이호성·이희승·정노식·조기간·조헌영·최현배·한징·홍에스터

1936년 7월 조선어학회는 제3독회(7월 30일~8월 1일)를 인천 제일공립보통학교에서 열었다. 32인의 위원이 참석하였는데, 조선어학회의 사전 편찬위원인 이중화와 정인승이 사정위원에 추가되었다. 우리말 연구에 기여한 이상춘도 사정위원에 들어갔다. 이로써 조선어 표준말 사정위원은 총 73인에 달하였다.

수정위원이 제출한 토의안에 대해 독회에서 토론하고, 최종 수정위원 11명을 선정하여 사정안 전체에 대해 수정하게 하였다. 수정위원 11인의 명단은 다음과 같다.

문세영·윤복영·이강래·이극로·이만규·이윤재·이중화·이희승·장지영·정인승·최현배

이로써 표준어의 사정을 마치고 폐회하였다. 표준어 최종 사정회인 제3독회가 끝난 뒤 3개월 동안 수정위원은 밤낮을 가리지 않고 쉬지 않

현충사를 참배한 조선어 표준어 사정위원(1935년 1월 6일 촬영. 앞줄 오른쪽에서 네번째가 이윤재)

고 마무리 작업을 한 결과, 표준어 사정이 완성되었다.

1936년 한글날에 표준어 사정을 발표하면서 이윤재는 참석자들에게 보고하였다.

"지난 두 달 동안 낮이나 밤이나 조금도 쉬지 아니하고, 이것을 정리하기에 전력을 다하였습니다."

150여 명이 참석한 한글날 기념식(490주년)에서 조선어학회는 '한글 표준어 사정안'을 발표하였다. 표준어 6,231개, 약어 134개, 비표준어 3,082개, 한자어 100개로 사정 어휘 총수는 9,547개에 달하였다. 이

날 조선어학회에서는 239쪽에 달하는 『사정한 조선어 표준말 모음』도 발간하였다. 이 날의 행사에서 이윤재는 표준어 사정의 내용을 설명하였다.

이후 이 표준어 제정안이 기본이 되어 해방 뒤 남북한에서 바로 적용되었고, 민간에 널리 홍보되었으며, 남북 쌍방의 교과서에 반영이 되었다. 표준어의 제정은 국어 규범 수립에 중요한 일이다. 이윤재는 조선어 표준어 제정에 크게 기여하였다.

넷째로, 『한글』지의 편집과 발행을 담당하여 민족어 규범 수립에 기여하였다.

조선어학회는 1932년 기관지 『한글』을 창간하며 우리글의 정리와 통일에 기여하겠다고 밝혔다. 이를 이윤재가 작성한 「한글을 처음 내면서」(『한글』 창간호, 1932년 5월)라는 글에서 드러내었다.

1934년 4월(11호)에서 1937년 5월(45호)까지 이윤재는 조선어학회의 기관지인 『한글』의 편집을 맡아 발행하였다. 이 기간에 간행된 『한글』지는 한글 맞춤법 통일안과 한글 보급 운동 및 사전 편찬에 관한 홍보와 연구 등에 역점을 두었고, 문예 작품과 역사 강좌를 게재하기도 하였다. 이 기간에 『한글』지에 대한 출판비가 없을 경우 이윤재는 자신의 사재를 털어 냈고, 자신이 편찬한 『문예독본』의 판권을 팔아 발행하였다.

조선어학회는 재정이 빈약하여 『한글』지 편집인의 보수는커녕 잡지의 인쇄비도 내기가 어려웠다. 여러 호의 『한글』지 인쇄비가 밀리자 한성도서주식회사는 『한글』지의 인쇄를 거절하게 되었다. 이에 이윤재는 자신이 편집한 『문예독본』의 저작권을 인쇄소에 넘겼다. 1935년 당시

「조선어 표준어 사정」(『매일신보』, 1936년 8월 4일). 앞줄 오른쪽에서 두번째가 이극로, 세번째가 이윤재

『문예독본』(상권, 하권)은 모두 4천 부씩 넘게 판매되어 재판을 출판할 정도로 인기가 있는 책이었다. 1948년 8월 10일에는 10판이 발행되었다.

『문예독본』의 저작권을 『한글』지의 인쇄소인 한성도서주식회사에 넘기면서 이윤재는 "인쇄비를 떼어 먹을까 염려되어 그러하오? 그렇거든 나의 이 저작권을 맡아 팔아 쓰고 『한글』 인쇄를 계속하여 주시오"라고 말하였다고 한다. 조선어학회는 그에게 아무런 보수도 줄 힘이 없었다. 이러한 상황에서 그가 우리말글을 영구히 보존하고 지키는 차원에서 『한글』지의 발행을 위해 인기 있던 자신의 책의 저작권을 포기한 일은 대단한 결단이었다고 볼 수 있다.

그의 『한글』지 편집을 통한 우리말글 보급 운동은 일제의 조선어 말살 정책에 저항하는 의미가 내포되어 있었다. 그러나 1937년 6월에 이윤재가 수양동우회 사건으로 일제에 체포되었기에, 이후 『한글』지는 정인승이 맡아 편집과 발행을 겸하였다.

다섯째로, 우리글의 창제와 변천사를 체계적으로 연구하였다. 역사학 전공자답게 그는 우리글을 창제한 세종에 대해 많은 글을 발표하였다. 아울러 우리글의 변천사에 대해 거시적으로 시대구분을 하였다.

『한글』지 표지. 일제시기 93호까지 발행하였다.

우선 이윤재는 세종의 우리글 창제 업적을 본격적으로 연구하였다. 세종의 업적에 대한 간략한 연구는 「세종성대의 문화」(『별건곤』, 1928년 5월)에서 밝혔다. 그는 세종의 여러 업적 가운데 훈민정음 창제는 세계에 자랑할 국보라고 기술하였다. 세종에 대한 종합적인 연구는 1930년 『동아일보』에 28회의 연재를 통해 밝혔다. 특히 이 연재물에서 그는 세종이 훈민정음 스물여덟 글자를 창제하였다고 주장하면서, 세종의 업적 가운데 가장 큰 위업이라고 평가하였다.

계속해서 이윤재는 「세종대왕의 성덕」(『학등』 창간호, 1933년 10월), 「세종대왕과 문화사업」(『신동아』, 1935년 3월)이라는 글에서 세종의 업적을 기술하였다. 그리고 세종이 한글 창제의 여러 어려움을 잘 극복하였

『문예독본』(1932)의 속표지

다는 점을 「한글창제의 고심」(『동아일보』, 1935년 10월 28일)이라는 글을 통해 드러내었다.

훈민정음의 우수성에 대해서는 이윤재가 1922년 베이징대학 재학시절에 발표한 「중국의 새 문자(상)」(『동명』, 1922년 11월 5일)에서 밝혔다. 그는 정음이 배우기 쉽고 일용에 편리가 그지없다고 평가하였다. 훈민정음에 대한 연구는 「정음의 기원」(『진생』, 1926년 5월)에서 시작하였다. 이 글에서는 훈민정음 원문을 분석하여 된시옷이 없고 병서법이 있음을 밝혔다.

이윤재는 「세종과 훈민정음-한글 출현의 경로와 연혁(3회)」(『동아일보』, 1927년 10월 24~26일)라는 글에서 훈민정음의 창제 과정, 정음의 기원과 조직, 우수성에 대해 실증적으로 논증하였다. 그는 『세종실록』, 『문헌비고』, 『경세정운도설經世正韻圖說』(홍양호), 『훈민정음』(정인지의 서序), 이수광·신경준·이광사·이익·이규경·홍양호·유희의 글을 인용하여 글을 작성하였다. 주목할 부분은 정음이 사람의 발음기관 형상을 토대로 독창적으로 만들어진 것이라고 주장한 점에 있다. 실로 탁견이라고 하겠다. 또한 훈민정음 원문을 세밀히 분석하여 일제가 언문철자법에서 일곱 글자만 받침으로 사용하고 된시옷을 사용하도록 한 점을 비판하였다. 그는 초성 17자를 전부 받침으로 사용할 것과 경음의 병서법을 사용할 것을 주장하였다. 아울러 그는 정음은 우리 민족 2천 3백만 민중이 영구히 자손에 전할 세계에 자랑할 국보라고 평가하였다. 계속해서 그는 조선 글의 연혁에 대해「조선글은 어떻게 낫는가」(『신학세계』, 1932년 9월)를 통해 재차 밝혔다.

다음으로 이윤재는 한글 명칭의 창안자와 한글의 의미에 대해 연구하였다. 이윤재는 1930년, 1933년 두 차례에 걸쳐 주시경이 1910년경에 한글 용어를 창안하였다고 주장하였다. 1930년「한글질의란質疑欄」(『동아일보』, 1930년 12월 2일)이라는 글에서 이윤재는 "한글인 유래를 말하자면 한 이십여 년 전에 한글대가大家 주시경 씨의 명명命名으로 지금까지 써옵니다"라고 밝혔다. 1933년 그는 다시「제일특집 여자하기대학강좌, 제칠실 한글과 한글은 어떤 것인가」(『신가정』, 1933년 7월, 42쪽)라는 글에서 "한글이란 말이 새로 생기어서 일부에서 많이들 사용하고 잇습니다. 이것은 한 이삼십二三十년(이십삼년의 오기-필자 주) 전에 우리글 연구의 대가 주시경 씨가 지은 말"이라고 밝혔다. 이로써 우리는 1935년 박승빈의 주장에 근거하여 최남선이 한글을 명명하였다는 학설(임홍빈의 주장)을 반박할 수 있게 되었다.

주시경은 1910년에 발표한「한나라말」이라는 글에서 '한나라글'이라는 표현을 사용하였다. 한글 명칭은 '한나라글'에 뿌리를 두고 있었던 것이다. 한글은 '한나라글'의 축약어로 볼 수 있다. 이는 1906년 6월 이전에 그가 일관되게 사용한 국문의 대용어로, 1910년에 들어와 한나라글을 사용하였다고 보여진다. 주시경에게 국문은 훈민정음을 지칭한 것이었다.

일제에 의한 주권 상실은 국어와 국문의 상실을 가져왔다. 1911년 9

국어학자 주시경

월 17일 주시경은 국어연구학회를 배달말글몯음(조선언문회)으로 개칭하였다. 주시경은 다시 1913년 3월 23일에 조선언문회를 한글모로, 1914년 4월에 조선어강습원을 한글배곧으로 각각 개칭하여 한글 연구와 보급을 계속하였다. 한글 용어의 당당한 등장이었다. 이후 그의 제자들도 한글 용어를 계승하여 사용하였고, 널리 홍보하였던 것이다.

이윤재는 「한글강의 일강 한글의 말뜻」(『신생』, 1929년 9월)이라는 글에서 한글과 그 의미를 설명하였다. 한글을 조선의 글, 즉 우리나라 글로 정의하였고, 언문이나 반절의 대용어로 지었다고 설명하였다. '한'의 의미로는 조선, 크다[大], 하나[一], 하늘[天]의 뜻이 있다고 풀이하였다.

덧붙여 이윤재는 한글날의 유래와 연혁에 대해 정리하였다. 한민족의 민족의식을 앙양시키기 위하여 1926년에 조선어연구회와 신민사는 서울 식도원에서 사계의 학자들과 사회 각 방면의 인사들과 관민 및 외국인을 포함하여 4백여 명을 모아 성대한 한글 기념식을 거행하였다. 1926년 음력 9월 29일(양력 11월 4일)은 세종대왕이 훈민정음(한글)을 반포(1446)한지 480주년이 되는 날이었다. 이 기념식에 이윤재도 참여하였다.

기념식에서 훈민정음 반포 기념일인 이 날을 '가갸날'로 부르기로 하였다. 신문지상에서도 이 날을 '가갸날'로 쓰고, 1927년까지 이 날을

'가갸날'로 불렀다. 그러다가 1928년부터 '한글날'로 부르게 되어, 이후 훈민정음 반포 기념일을 '한글날'로 고정하여 부르게 되었다.

이윤재는 「영세불망비」(『동광』, 1926년 12월)라는 글에서 한글을 기념하는 명절을 가지게 된 일을 세계의 자랑거리라고 기술하였다. 그리고 「사백팔십사회의 한글기념날을 맞으며」(『학생』, 1930년 11월)라는 글을 통해 한글날이 가진 의미에 대해 기고하였다. 또한 「한글날에 대하여」(『한글』 28, 1935년 11월)라는 글을 통해서는 한글날 날짜의 유래에 대해 상세히 기술하며 조선어학회가 중심이 되어 매년 음력 9월 29일(1934년부터 양력 10월 28일)에 한글날 행사를 진행해 왔다는 사실을 소개하였다. 여기에서 그는 박승빈을 중심으로 하는 조선어학연구회 측에서 사사건건 조선어학회와 대립하여 한글날 기념일을 9월 1일로 잡는 책동을 신랄히 비판하였다.

한글날 기념일에 조선의 각계 인사들이 100여 명 이상씩 모여 행사를 진행하며 민족의식을 고취하자, 일제는 1937년부터 한글날 행사를 금지하였다.

해방 뒤 1945년부터 한글날은 양력 10월 9일로 확정되어 오늘에 이르고 있다. 1940년 경북 안동에서 발견된 훈민정음 원본을 토대로 날짜를 그리 정한 것이다.

아울러 이윤재는 우리글의 변천사에 대해 시대구분을 하였다. 「한글 강의 이강 정음으로 언문에, 언문으로 한글에」(『신생』, 1929년 10월)라는 글에서 그는 우리글의 변천사를 정음시대, 언문시대, 한글시대로 구분하였다. 그리고 이를 심화하여 다시 「한글운동의 회고」(『동아일보』, 1932)

라는 글에서 정음시대(창정기), 언문시대(침체기), 국문시대(부흥기), 한글시대(정리기)로 시대구분을 하였다. 이와 같은 그의 설득력이 있는 시대구분은 최현배의 『한글의 바른 길』(1937)과 이극로의 「한글발달사」(1940), 김민수의 『국어학사의 기본원리』(1987)에 그대로 계승되었다.

민족어대사전 편찬에 관여하다

우선 우리말사전 편찬의 역사를 살펴보자. 1910년에 최남선이 설립한 조선광문회는 우리말사전을 편찬하고자 했다. 여기에 주시경·김두봉·권덕규 등이 참여하여 『말모이』(사전)를 만들기 시작하였다. 그러나 주시경이 1914년에 작고하고, 김두봉이 1919년 4월 상해로 망명하였기에 사전 편찬은 중단되었다. 김두봉은 망명 시 말모이(사전) 원고의 일부를 가지고 갔다.

   3·1운동 이후 합법적 공간이 확보되자 식민지 조선에서도 조선어사전 편찬이 활기를 띠었다. 1921년 박승빈, 최남선이 중심이 되어 계명구락부를 조직하였는데, 이 조직 안에 1927년 6월부터 조선어사전 편집부가 설립되었다. 이윤재도 1927년 6월 계명구락부가 설립한 조선어사전 편집부에 가담하여 조선어사전 집필에 참여하였다.

   조선광문회에 남겨진 말모이 원고를 가지고 있던 최남선이 사전 편찬 작업을 이끌어나갔다. 사전 집필에 이윤재도 최남선(전문 어휘), 정인보(한문 어휘), 임규(용언 어휘), 변영로(외래어 어휘), 양건식(신어 어휘), 한징(주해) 등과 함께 참여하였다. 그는 고어 어휘 및 주해를 맡았다.

한편 이윤재는 1927년 8월부터 조선어사전 편찬에 깊은 관심을 가지고 있던 조선어연구회 인사들과도 만나 조선어사전 편찬을 위한 준비 활동을 시작하였다.

그러나 1929년에 들어 경비 부족과 철자법의 불통일 때문에 계명구락부의 사전 편찬 작업은 중단되고 말았다. 그러자 이윤재는 1929년 계명구락부의 조선어사전 편찬부를 탈퇴하고 조선어연구회의 사전 편찬 활동에 합류하였다. 1929년 4월 해외에서 독립운동에 관여했던 비타협 민족주의자인 이극로가 조선어연구회에 참여하면서 그 활동도 활기를 띠었다.

1929년 8월 이윤재는 말모이(사전) 원고를 되찾아 오려고 중국 상하이로 가서 김두봉을 2주간 만났다. 김두봉은 말모이 원고를 자기가 완성하여 우리말 사전을 내겠다고 하였다. 그래서 이윤재는 사전 원고를 가져오지 못하였다.

1929년 10월 31일 이극로가 한글날에 조직한 조선어사전편찬회에 이윤재는 발기인으로 참여하였고, 상무위원에 선임되었다. 이후 1931년 1월 6일에 조선어사전편찬회 간사에 선임되었고, 이후 1931년까지 조선어사전 편찬의 전임위원으로 활동하였다. 전임위원은 이윤재 이외에 이극로·김선기·한징·이용기가 맡았다. 2년간은 순조롭게 각종 어휘를 분담 수집하면서 사전 편찬 작업이 진행되었다. 그러나 재정문제를 해결하지 못했다. 사전 편찬 작업은 1933년 6월부터 난항에 부딪혔다. 하지만 이윤재는 좌절하지 않았다. 이후 그는 단독으로 사전 편찬 작업을 시작하였다. 1933년 겨울부터 사위되는 김병제에게 "조선 사람

『표준 조선말 사전』(1949, 3판)

에게는 조선말 사전 한 권도 없다"라고 늘 말하며 단독으로 사전 편찬을 시작하여 두 해 동안이나 하였다고 한다. 이 시기 이윤재는 수년간 써놓은 어휘 카드 5~6만 장을 정리하고 있었다. 한편 1936년부터 1937년 6월까지 그는 문세영이 만들고 있던 조선어사전의 원고를 교정해 주었다. 문세영은 그의 도움을 받아 최초의 국어사전인 『조선어사전』(1938)을 출간하였다.

이윤재가 단독으로 우리말 어휘를 수집하여 뜻풀이를 한 원고는 해방 뒤 김병제가 이윤재의 사전 유고를 보충하여 『표준 조선말 사전』(1947)으로 출간하였다. 아문각에서 발행한 이 사전은 908쪽, 2단 가로짜기로 구성되었다. 1948년 재판이, 1949년 3판이 나왔다. 이후 『표준 한글 사전』으로 이름만 바꾸어 1950년 2월 15일 고려서적주식회사에서 발행(4판)하였다. 그 뒤 『표준 한글 사전』을 1952년 대동문화사에서 발행하였고, 1953년에는 9판이 발행되었다. 1955년판도 있다. 또 『표준 한글 사전』을 콘사이스판으로 바꾸어 『콘사이스 표준 한글 사전』(8판, 총 636쪽)을 대동문화사에서 1953년 12월 20일에 발행하였다.

『표준 조선말 사전』의 장점을 지적하면 다음과 같다. 첫째, 조선어학회가 발표한 『한글 맞춤법 통일안』과 『사정한 조선어 표준말 모음』

에 입각하여 만들었기 때문에, 국어 규범에 충실한 사전이라는 점이다. 규범을 잘 알도록, 맞춤법이 틀리거나 표준말이 아닌 어휘에 대해 낱낱이 지적하고 있다. 둘째, 한자말과 외래어에 대해 별도의 표기를 하여 순 조선말과 구분하고 있다. 셋째, 품사의 명칭을 이름씨, 대이름씨, 어떠씨 등 우리말로 표기하고 있어 저자의 자주의식을 확인할 수 있다. 넷째, 어휘의 풀이를 간단명료하게 하고 있다.

이 사전이 지닌 의미는 해방 이후 문세영의 『조선어사전』과 경쟁하면서, 1957년 조선어학회가 지은 『조선말 큰사전』이 나오기 전까지 남한의 대표적인 국어사전 역할을 담당하였다는 데에 있다.

한편 조선어사전 편찬에 관한 재정난 문제는 이극로가 해결하였다. 그의 노력으로 1936년 사전편찬후원회가 조직되었다. 후원회원으로는 이우식, 김양수, 장현식, 김도연, 이인, 서민호, 신윤국, 김종철, 설태희, 설원식, 윤홍섭, 민영욱, 임혁규, 조병식이 참여하였다. 1936년에서 1939년까지 4년 동안 사전 편찬을 완수하기로 약속하고 이들로부터 후원금을 받았다. 이극로가 14명의 후원회원을 직접 찾아가 기탁을 받았는데, 전부 합하여 1만 원을 희사금으로 받았다. 그러나 1939년에 사전 주해 작업이 완료되지 못해 1년간 더 연기되었고, 후원회에서는 3천 원을 추가로 지급키로 하였다.

아울러 1936년 3월 20일에 조선어학회는 조선어사전편찬회가 추진해 온 사전 편찬 업무를 인계받았다. 1936년 4월 1일부터 이극로·정인승·이윤재·한징·이중화 5인이 조선어사전 편찬의 전임위원이 되어 이를 주도하였다. 이윤재도 1937년 6월 수양동우회 사건 발생 전까지 우리말 주해 작업에 몰두하였다.

이처럼 이윤재는 민족보전을 위해 조선어사전을 완성하고자, 조선어학회의 사전편찬원이 되어 헌신하였다. 1935년 그는 조선어사전 편찬의 진행과정을 일반인에게 알렸다.

다음은 그의 사전 편찬에 대한 의지가 담겨져 있는 글이다.

우리 조선사람은 다들 잘난체 너펄대고 잇지마는, 제 말 제 글 가지고 사전 하나 만들어 놓지 못하고도 오히려 부끄러움을 깨닫지 못하는 사람들이다. …… 제 말 제 글 하나 보전하지 못하여 결국 사전 없는 민족, 다시 말하면 말과 글이 없는 민족이 되고 만 것이다. 외인外人들이 우리를 대하여 미개한 인종이라고 손가락질하는 것을 우리는 달게 받아야 한다.
이 민족적 수치를 기분幾分이라도 씻으려면, 우리는 각자가 힘닿는 대까지 이를 위하여 희생적 봉사가 없어서는 아니 될 줄 안다. 그러나 나는 사전의 완편完編을 계획하자 함이 아니다. 이 사업은 워낙 거창하여 도저히 일시 일인一人의 힘으로 쉽사리 되는 것이 아님으로써이다. 그리고 이것은 다만 사전사업에 일부 보조역이 됨에 불과한 것이다.
　　　　　　　　　－「성북청룡암에서」중, 『동아일보』, 1934년 8월 30일

이처럼 그는 말과 글이 없는 한국민족이 되는 것을 막고자 조선어사전 편찬에 매진하는 한글운동에 전념하였던 것이다.

이윤재는 1943년 함흥형무소에서 옥사하였기에 해방 이후에 출간된 『조선말큰사전』을 보지 못하였다. 그의 동지들이 해방 뒤 마무리 작업

을 하여 1947년 한글날에 제1권 『조선말큰사전』을 출간하였고, 최종적으로 제6권이 1957년에 발간되었다.

한글학회(조선어학회의 후신)가 완성한 『조선말큰사전』(1957)에 수록된 올림말 수를 보면 순우리말 74,612(45.5%), 한자어 85,527(52.1%), 외래어 3,986(2.4%)개로 총 164,125 말수를 차지하고 있다. 『조선말큰사전』의 경우 순수한 우리말이 46%, 한자어가 52%에 이른다는 점에서, 일제 침략자들이 한자어를 70%, 순우리말은 고작 30%에 지나지 않게 만든 『조선어사전』(1920, 조선총독부 발행)을 비판할 수 있게 되었다. 또한 해방 뒤 조선어학회 동지들이 제대로 만든 국어대사전인 『조선말큰사전』을 완간함으로써, 이윤재의 일제시기에 남겨진 한(恨)이 해소되었다.

우리말글 보급운동을 전개하다

이윤재는 1924년에서 1937년까지 14년 동안 조선어 강연과 강습 활동에 가장 많이 참여하였다. 그는 조선민중에게 유익한 것이라면 물불을 가리지 않고 나서서 노력을 아끼지 아니하였다. 한글보급운동도 그 연장선에 있었다. 한글의 보급을 위해 전국 곳곳에서 강습회가 많이 만들어지고 연중 내내 지속적으로 개최되기를 희망하였다.

이윤재는 무명바지 저고리에 해진 두루마기를 입고 떨어진 고무신을 신고서, 한글 교정을 해주려고 출판사 여러 곳을 걸어 다녔다.

다음은 그가 교정해준 책에 얽힌 내용 가운데 하나이다. 박영만은 1940년 6월에 『조선전래동화집』을 저술하였다. 500페이지가 넘는 이

책 한 권 전체를 이윤재가 출판 직전에 온통 빨갛게 한글맞춤법에 맞게 교정하여 주었다.

박영만은 1940년에서 1942년에 걸쳐 친일 문인 이광수를 공격하다가 일본 경찰에 쫓기자, 1942년 중국으로 갔다. 당시 중국도 일본과 전쟁 중이었다. 그는 산서대학에서 200명에 달하는 문학부 계통의 중국인 학생들에게 2주일 동안 조선의 문자인 한글과 조선어를 가르쳐주었다. 학생들은 일본어를 집어치우고 조선어를 배우겠다고 모여들었다. 그는 대학 안 교실에 「가갸거겨」와 '조선어학회'와 '이윤재'라는 글을 써놓고, 학생들에게 한글을 가르쳤다.

이후 그는 중경으로 가서 1943년 2월에 김구가 조직한 한국광복군 제2지대에 입대하여 독립군이 되었다. 그는 광복군 군가 〈압록강 행진곡〉을 작사하기도 하였다. 이후 1944년 한국광복군 총사령부 정훈처 선전과장으로 활동하다가 1945년 8월 중경에서 해방을 맞았다(권혁래 논문 참조).

박영만은 중경을 떠날 때부터 귀국하면 스승 이윤재를 찾아가 그동안의 이야기를 전해 주어야겠다는 마음을 먹었다고 한다. 그러나 귀국하여 서울에 돌아와 보니 이윤재가 옥사하였다는 소식을 듣게 되었다. 스승의 죽음을 애도하면서 그는 낙산 허리에 있는 이윤재의 집을 찾아가 보았다. 이후 1946년 조선어학회에 「조선어학회 여러 동무님 앞!」이라는 편지글을 보내 자신과 스승 이윤재 사이에 얽힌 얘기를 소개하였다. 그의 글이 『한글』 96호에 게재되어 있다.

이상을 통해서 우리는 이윤재가 아무 대가도 바라지 않고 타인의 책을 한글 맞춤법에 맞게 교정해 주었다는 사실을 확인할 수 있다. 이러한 그의 학덕에 영향을 받은 박영만이었기에 중국에 가서도 중국인 학생에게 조선어와 한글을 가르칠 수 있었던 것이다.

이윤재의 우리말글 보급 운동을 상세히 살펴보자.

1924년 1월 28일 마산 문창예배당에서 마산면려청년회馬山勉勵靑年會 주최로 열린 정음강연회에서 이윤재는 '정음의 기원'이란 주제로 강연하였다. 또한 같은 해 3월 24일부터 29일까지 경남 거창읍내 기독청년회가 조선어강습회를 개최하여 이윤재가 성음론, 품사론, 문장론, 조선어학사, 표준어, 문자용법, 속기법에 대해 강연하였다.

1925년 8월 18일에서 25일에는 조선일보사와 동아일보사 마산지국이 후원하여 마산 신달학원 내에서 하기조선어문강좌를 개최하였는데, 이윤재가 조선어법과 문법에 대해 하루에 두 시간씩 강연하였다.

1926년 음력 9월 29일 조선어연구회와 신민사가 주최하여 훈민정음 반포 제8회갑 기념식을 식도원에서 거행하고, 이 날을 「가갸날」로 제정하고 언문의 명칭 문제와 그 선전방책에 관한 문제를 논의할 인사들을 선출하였는데, 권덕규, 송진우, 민태원, 이종린, 권상로, 윤치호, 박승빈, 어윤적, 지석영, 이긍종과 함께 이윤재도 선임되었다.

1927년 10월 29일 서울 정동에 있는 엡윗청년회 문학부가 주최하는 한글날 기념강연회가 개최되었는데, 이윤재는 '한글의 문화적 가치'라는 연제로 강연하였다.

1928년 6월 7일에는 중앙기독교 청년회가 주최한 종로 청년회강좌에서 이윤재가 '이충무공의 인격과 그 사업'을 주제로 강연하였다. 또 같은 해 6월 21일에 종로 중앙기독교 사회부가 주최한 중앙기독수양강좌에서는 '대위제국운동의 시말'이라는 연제로 강연하였다. 그리고 7월 26일에서 28일까지 황주 면려청년회가 주최하여 황주양성학교 강당에서 한글강습을 개시하였는데, 이윤재가 담당하였다.

또한 원산 남녀기독청년회가 원산에서 하기수양회를 개최하였고 1928년 8월 6일부터 일주일간 이윤재가 '조선어'를 주제로 강연하였다. 11월 12일에는 안동교회의 시온회가 주최하여 한글날에 기념 강연회를 열었는데, 이윤재와 권덕규가 강연하였다. 권덕규는 '정음 유통의 내력', 이윤재는 '세종대왕의 성덕聖德'을 주제로 발표하였다.

1929년 1월 14일부터 19일에는 안동교회의 시온회가 주최하여 안동교회 유치원에서 한글강습회를 열였는데, 강사는 권덕규·이윤재·최현배·정열모·이병기·장지영이 맡아 권덕규가 '조선어 문법'을, 이윤재가 '철문법'을, 최현배가 '한글 연구법'을, 정열모가 '문법에 대한 편견'을, 이병기가 '한글과 시조'를, 장지영이 '만몽어연구'라는 주제를 가지고 강연하였다.

1929년 2월 18일부터 23일까지 연동蓮洞 청년면려회가 주최한 한글강습회가 연지동교회 전도실에서 열렸다. 강사는 권덕규·이윤재·최현배·장지영·이병기·정열모 등이 맡았다. 권덕규가 '조선문법론'을, 이윤재가 '실용 철자법'을, 최현배가 '한글정리법'을, 장지영이 '음의 비교'를, 이병기가 '한글과 시조'를, 정열모가 '문법연구의 편견'이라는 연제로 강연하였다.

또한 1929년 3월 18일부터 1주일간 평양기독청년회 주최와 동아일보 평양지국의 후원으로 '한글과 조선사강좌'가 숭덕학교 내에서 열렸다. 이 강좌의 목적은 일반에게 조선문을 보급시키며 조선사의 관념을 갖도록 하기 위해서였다. 이윤재가 이 강좌를 담당하였다.

그리고 1929년 9월 1일부터 1주일간 동아일보 김해지국이 주최한 김해 한글강좌가 사립합성학교 대강당에서 열렸는데, 강사는 연희전문의 이윤재가 맡았다. 강습생 88인이 수료하였다.

1929년 12월 30일에서 1930년 1월 4일에 걸쳐 강원도 양구 엡윗청년회가 주최하고 군내 유지와 조선일보지국의 후원으로 양구 공립 보통학교 강당에서 양구 한글강습회가 실시되었는데, 이윤재가 한글강습을 담당하였다. 매일 4시간에서 6시간씩 주야로 강습을 진행하였으며, 130여 명이 수강하였다. 그는 12월 27일에 경성역에서 출발하여 다음 해 1월 5일 귀경하였다.

1930년 4월 12일 조선어연구회의 월례회에서 이윤재는 「김두봉씨의 문자급 철자법에 대한 신연구」에 대해 강연을 하였다. 그리고 같은 해 함흥 기독교청년회가 주최하여 7월 1일부터 7일까지 기독교청년회관에서 함흥한글강좌를 열었는데, 강사는 이윤재가 맡았다. 이 강좌에 청강생이 2백 명에 달하였다고 한다.

1930년 7월 30일에서 8월에 걸쳐 조선어학회가 주최한 '한글강습회'가 중앙 기독교 청년회관에서 열렸다. 이윤재는 '조선문화사'(연제)로 강연하였다. 그는 우리 민족이 문화민족이라는 긍지를 심어 주고자 하였고, '우리 얼을 심는 정신 교육'을 하기 위해 조선문화사에 대해 설명하였다. 또한 부산공립보통학교동창회가 주최하여 '한글강좌'를 개최하였

「김해 한글강좌」(『동아일보』, 1929년 9월 10일). 이윤재가 강사를 맡았다.

는데, 8월 11일에서 17일까지 이윤재가 부산에서 강연하였다.

그리고 1930년 11월 24일에서 29일까지 6일간 연강沿江 기독청년연합회 주최, 동아일보·조선일보 지국의 후원으로 동막東幕예배당에서 시외연강市外沿江 한글강습회가 개최되었는데, 강사는 이윤재·최현배·권덕규·신명균이 맡았다.

한편 이윤재는 1930년 11월 26일부터 1932년 6월 10일까지 동아일보가 신설한 「한글질의란」을 도맡아 독자들의 질문에 답변을 하였다.

1931년 6월 4일에서 6일에는 중앙엡윗청년회 주최와 동아일보사 학예부의 후원으로 여자 상식 강좌를 중앙예배당에서 개최하였는데, 이은상이 '조선여류문학의 윤곽'을, 황애덕이 '여성문제'를, 이윤재가 '한글의 유래'를, 구영숙이 '가정의사'를, 백낙준이 '역사'를, 서춘이 '가정경제'라는 연제를 가지고 강연하였다.

1931년부터 동아일보사는 브나로드 운동을 전개하였는데, 중등 학생들을 동원하여 문맹 퇴치운동을 벌였다. 여름방학에 귀향한 학생들이 한글 보급에 앞장섰는데, 학생 계몽대가 사용할 한글 교재인 『한글공부』를 이윤재가 저술하여 동아일보에 제공하였다. 동아일보사는 이 교재를 1931년에 30만 부, 1932년에서 1934년까지 각각 60만 부씩 인쇄했다고 한다. 이 교재는 한글 맞춤법 통일안에 의거하여 만들어진 것이다.

매년 이윤재는 이 교재를 보완하고자 다시 「하기학생 계몽운동 한글교재 해설」(『한글』, 1934년 7월)을 만들어 학생 계몽대원이 잘 활용하도록 하였다. 이들 교재는 ㄱ, ㄴ에서 시작하여 짧은 시일에 한글을 완전히

「여자 상식 강좌」 안내 기사(『매일신보』, 1931년 6월 6일)

해득할 수 있도록 만들었다. 여기에는 한글 기초와 재담, 속담, 노래(문맹타파가, 이율곡이 지은 시조), 한석봉 이야기, 지리, 역사 등도 소개하여 교양을 기르는 데 도움을 주었다.

동시에 이 신문사는 조선어학회의 후원을 받아 하기 한글강습회를 개최하였는데, 한글 보급과 한글의 바른 철자법을 만들어 통일하자는 취지로 민중계몽 차원에서 전개하였다.

1931년 동아일보가 주최하고 조선어학회가 후원한 제1회 조선어강습회가 전국적으로 개최되었다. 이윤재도 여기에 참여하였다. 그는 7월에서 9월에 걸쳐 평북 선천에서 시작하여 평양, 정주, 운향, 황주에서도 강습회를 담당하였다. 또 조선중앙기독교청년회에서 한글강연회를 열었는데, 이윤재가 9월 15일 '철자법에 대하여'로 강연하였다.

9월 22일에는 중앙기독교청년회 회우부에서 한글구락부를 열고 한글강좌를 개최하였는데, 이윤재가 '한글철자법에 대하여'라는 연제로 강연하였다. 또 10월 6일에는 조선중앙기독교청년회 주최로 이윤재가 '훈민정음의 해설'이라는 연제로 강연하였다.

1932년 동아일보는 조선어학회의 후원을 얻어 8월 1일부터 24일까지 황주를 비롯한 전국 40개 군과 시에서 제2회 조선어강습회를 개최하였다. 강사는 이탁·신명균·장지영·이병기·권덕규·이희승·이갑·김윤경·이만규·최현배·이상춘·이윤재·김선기가 맡았다. 이윤재는 영흥, 흥남, 진흥, 경성, 청진, 웅기에서 강연하였다. 그는 8월 1일에서 3일까지 영흥에서 매일 낮 4시간과 밤 2시간씩을, 4일부터 7일까지 흥남에서 매일 4시간씩을, 9일까지 진흥에서 세종대왕의 성덕과 신철자법을 설파하였다. 그리고 청진에서 11일에서 15일까지 강습회를, 경성에서 17일에서 19일까지 강습회 매일 5시간씩을, 웅기에서 22일에서 25일까지 매일 3시간씩 강습회를 하고서 8월 26일 웅기를 떠났다. 그는 자신의 강연 활동을 동아일보에 「한글순례」로 연재하여 알렸다.

1932년 12월 27일부터 조선어학회는 한글 철자법 통일안을 마련하기 위하여 한글학자 18명으로 조선어철자위원회를 구성하고, 개성 고려청년회관에서 10일간 토의하였다. 이윤재, 이극로 등 제정 위원 18인이 전부 참가하였다.

1933년 이윤재는 4월에서 6월에 걸쳐 「한글철자법 - 신철자편람의 해설」이라는 글을 동아일보에 21회에 걸쳐 연재하였다. 이 해 여름에 그는 철원, 홍원, 부령 등지에서 한글 강연을 하였으며, 또 조선어학회 주최의 하기 한글 강습회에서 '받침'을 주제로 강연하였다.

또한 1933년 7월 27일부터 8월 3일까지 야소교장로회의 수양강좌가

외금강 온정리에서 개최되는데, 이윤재(중앙고보 교유)가 '조선역사강화'를, 김윤경이 '한글강화'를 연제로 강연하기로 예고되었다. 그리고 같은 해 8월 21일부터 매일 5시간씩 4일간 만주 봉천의 서탑 기독청년회관에서 한글철자법 강좌를 열었는데, 이윤재가 강좌를 담당하였다.

1933년 11월 23일에서 29일에는 중앙기독교청년회와 조선어학회가 공동으로 한글강습을 주최하였는데, 이윤재와 이희승이 각각 한글 맞춤법 통일안에 대해 강연하였다. 아울러 이윤재는 한글 맞춤법 통일안을 널리 보급하고자, 조선일보에 11월 12일부터 12월 20일까지 31회에 걸쳐 「지상강습 한글 맞춤법 통일안 해설」을 연재하였다. 이 연재물은 조선어학회가 발표한 『한글 맞춤법 통일안』(1933)을 자세히 풀이한 것이었다.

그리고 1934년 3월 23일에서 25일까지 신가정사 주최의 '부인 한글 철자법 강습회'가 동아일보사 3층 대강당에서 개최되었는데, 이윤재도 강사로 뽑혀 신명균, 김선기와 함께 강연하였다. 또 1934년 5월 14일에서 20일까지 조선연무관이 주최하여 한글강습회를 개최하였는데, 강사로 이극로, 이희승, 이병기, 이윤재가 참여하였다. 또한 조선중앙기독교청년회의 주최로 야담대회野談大會가 5월 31일에 개최되었는데, 이윤재는 '소년주몽'으로 강연하였다.

1934년 여름에는 동아일보사가 주최하는 제3회 조선어 강습회에 이윤재도 함경도 지역을 맡아 참여하려고 하였으나, 일제의 탄압으로 참가하지 못하였다. 한편 9월 1일부터 6일까지 전조선면려회 대회가 평양에서 개최되었는데, 이윤재는 '한글 운동'이라는 연제로 강연하였다.

이 면려회에는 전조선장로교총회, 전조선 면려청년회, 부인연합전도대회, 50주년희년축하회, 조선절제대운동회, 면려회협의회, 평양서문외예배당이 참여하였다.

1935년에 들어 이윤재는 고창고보 주최의 한글강습회에 참여하였다. 또 같은 해 부산 면려청년회와 경남 연합회 수양회 주최의 강습회에도 참여하였다.

1936년 10월 25일부터 11월 6일에는 서울 청량리 안식교 청년회가 그곳 교회에서 주최한 한글강화회에 이윤재가 강사로 활동하였다. 그리고 11월 21일 전남 광주

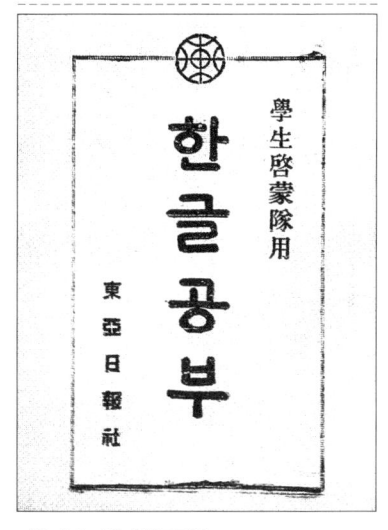

이윤재가 지은 『한글공부』

부의 한글지사가 숭일학교 강당에서 주최한 한글 강연회와 11월 24일 영광읍 한글지사가 금융조합 건물에서 주최한 한글강연회에도 강사로 활동하였다.

또한 1937년 1월 11일에서 16일까지 4일간 조선어학회 회관에서 한글강습회가 개최되었는데, 이윤재는 '표준어 어음'을 주제로 강연하였다. 그러나 같은 해 6월 이후 그는 더 이상 한글강연 활동을 지속할 수 없었다. 수양동우회 사건으로 일제에 의해 그가 체포되었기 때문이다.

이처럼 이윤재는 1924년에서 1937년까지 14년 동안 조선어와 한글 보급을 위해 조선반도와 만주까지 곳곳을 찾아다니며 강연과 강습 활동을 전개하였다. 민족어 보급운동에 헌신한 그의 의도는 우리 민족 구성

원 누구나가 문맹상태에서 벗어나는 것과 강연을 통해 민족의식을 고취하는 데에 있었다.

한글운동을 항일운동으로 인식하다

이윤재는 김윤경을 통해 주시경을 알게 되었다. 이후 그는 주시경에게 직접 가르침을 받진 않았으나, 마음속으로 그를 본받아 그의 학문을 따르기로 마음 먹었다. 그는 주시경 사후 20여 년이 흐른 그때에 이르러 한글 과학운동이 더욱 활발해지고 있다고 보았다.

그의 한글운동 인식에는 민중의 문맹 타파와 의식 수준 향상에 방해가 되는 한문에 대해 비판하였다는 점에서 반봉건 운동이라는 시각과, 일제 침략자에 빼앗긴 언어주권을 회복하고자 하였다는 점에서 반제국주의 운동이라는 시각을 갖고 있었다.

1930년대 조선어학회의 한글운동은 반봉건, 반제국주의적 성격을 지니고 있었다. 이러한 두 가지 성격은 한말 애국계몽기에서부터 이어져 1930년대에 구체화된 것이었다.

먼저 이 시기 한글운동이 갖는 반봉건 근대화운동의 성격을 살펴 보겠다.

한글운동은 봉건왕조시기의 문자인 한자숭배를 거부하고 자국어인 조선어와 민족문자인 한글의 과학적인 연구와 통일, 그리고 보급운동을 전개하였다. 당시 한글운동은 왕조시기 비능률적인 한자에 대한 비판과 더불어 민족문자인 한글의 합리화·과학화를 이루어야 한다는 과제를 가지고 있었다.

　한말시기에서 일제강점 기간 동안 주시경을 비롯하여 그의 사상을 실천했던 한글운동가는 나라의 멸망을 가져온 조선조 사대부의 한글 천대를 신랄히 비판하였다. 조선조 사대부는 피지배계급을 문맹과 무지의 상태로 방치하여 문자권에서 제외시켰다. 그래서 민중의 고통은 막중하였다. 문자 생활에서 문화 수준 향상에 방해되는 한자 사용의 폐지는 민중의 오랜 역사적 염원이었다. 이러한 민중의 고통을 덜어주고 어문의 합리화·과학화를 한글운동가들이 추진하였기에 한글운동은 반봉건 운동의 성격을 가진다.

　중국 베이징에 있던 시절 이윤재는 「중국에 새 문자(상)」(『동명』, 1922년 11월 5일)라는 글에서 자신이 들었던 베이징대학 국문강좌에서 한자 개량운동, 한자폐지운동 주장까지 들었다고 하면서, 훈민정음같이 습득키 쉽고 일용에 편한 것이 다시없다고 주장하였다. 그러나 조선의 경우 한자를 국자國字화하고 있다고 비판하였다. 이처럼 그는 1920년대 중국에서 전개되고 있던 신문화 운동을 받아들여 식민지 조선에 적용하려고 하였다. 귀국 후 그는 「조선글은 조선적으로」(『신민』, 1926년 5월)라는 글에서 문자 생활을 순국문으로 할 것을 주장하며 국한문 혼용의 표기를 비판하였다.

　조선어연구회와 조선어학회에서 중진이 된 후에도 이윤재는 주시경과 동일하게 조선왕조의 한문 숭배를 다음과 같이 비판하였다.

　사대주의를 밥벌이로 삼는 완명몰각頑冥沒覺한 한학배는 저사抵死코 이를 꺾어버리려 하였다. 그리하여 우리글은 문자로 승인하지 아니하므로, 그리 좋은 정음이란 이름까지 언문諺文이란 저속한 명칭으로 바꾸어 버리었다.

-「한글운동의 회고」(2), 『동아일보』, 1932년 10월 30일

한문에 대한 비판은 당시 중국에서도 진행되던 것으로, 중국도 한자 사용을 폐지하고 새로운 문자를 제작하여 보급하고 있다고 그는 다음과 같이 설명하였다.

일청전쟁에 패배한 중국은 정치개혁과 교육보급의 필요를 깨닫게 되었다. 난해난서難解難書의 한자로는 도저히 국민교육 보급에 성공하지 못할 것을 알아서 한자를 폐기하고 신문자를 제작하여 쓰자는 소리가 높아갔다. …… 그리하여 민국 2년에 교육부에서 음운전문가들을 초빙하야 삼십구자의 「주음자모注音字母」를 제작하였다.

-「모어운동개관」(2), 『동아일보』, 1933년 10월 31일

그가 한자를 비판한 이유는 민족문화를 추진함에 막대한 장애를 주기 때문이었다. 그래서 그는 우리말글의 과학화 운동인 한글 맞춤법 통일안의 제정과 조선어 표준어 사정 작업에 참여하였다.

다음으로 일제시기 한글운동이 갖는 항일운동의 성격을 살펴보자.

1930년대 조선어학회의 한글운동은 일제의 일본어 상용 정책에 맞서 우리말글의 수호를 위해 실천적인 운동을 전개하였다는 점에 그 특

징이 있다. 일제는 통감부 시기부터 일본어 보급을 확대하였고, 총독부 시기에는 일본어 상용과 조선어 말살 정책을 추진하였다. 이에 맞서 민간학술단체인 조선어연구회, 조선어학회는 우리말글을 연구하고 보전하며 유지하는 운동을 전개하였다.

이윤재의 경우도 한글운동을 반제국주의적으로 인식하였다. 그의 다음과 같은 언어관에서 우리는 반제의식을 찾을 수 있다.

> 중국은 언어가 불통일한 나라다. 중국이 역사상으로 왕조의 변혁이 유달리 많았고, 또 현금에 국내가 불통일하야 난마(亂麻)와 같이 어지러워 혼란 상태에 빠져 있어서 외우와 내환이 그칠새 없게 되는 것도 실상 언어의 불통일에 말미암음이라 할 것이다
>
> -「모어운동개관」(2), 『동아일보』, 1933년 10월 31일

> 튀르크가 국운이 자꾸 쇠퇴하게 된 원인은 다른 데에 있지 아니하고 오로지 그 언어와 문자의 불완전함에 있다 할 것이다. 세계대전 끝에 토붕와해하여 거의 멸망에 빠진 튀르크는 대영웅 케말 파샤의 손에서 다시 부흥하게 되었다.
>
> -「모어운동개관」(4), 『동아일보』, 1933년 11월 2일

그는 언어의 통일유무가 국가의 흥망과 직결된다고 인식하였다. 중국과 터키가 언어가 불통일된 상태에 있었기 때문에 내우외환(국내불통일, 혼란 상태)에 있게 되었다는 주장이다. 그에게 언어의 통일은 나라의

독립과 통일, 그리고 내우외환 극복에 기여하는 것이었다.

그의 반제국주의적 한글운동 인식은 다음에서 분명히 확인할 수 있다. 일제 말기 종로구 화동의 조선어학회에 있었던 이석린은 이윤재가 지방에서 찾아온 청년들에게 늘 다음과 같이 역설하였다고 증언하였다.

말과 글은 민족과 운명을 같이 한다. 일본이 조선의 글과 말을 없애 동화정책을 쓰고 있으니, 우리는 무슨 수를 써서라도 우리글과 우리말을 아끼고 다듬어 길이 후세에 전해야 한다. 말과 글이 없어져 민족이 없어진 가까운 예가 만주족이 아니겠는가. 우리가 우리의 말과 글에 대한 글을 써 두고 조선어 사전을 편찬해 두면, 불행한 일이 있더라도 후에 이것을 근거하여 제 글과 말을 찾아 되살아 날 수도 있을 것이다. 따라서 민족의 말과 글을 아끼고 사랑하는 것은 나라를 사랑하는 길이 되고 또 민족운동이 되는 것이다.

이윤재에게 한글운동은 민족운동 즉 독립운동이었던 것이다. 이러한 한글운동에 대한 인식을 가지고 그는 독립운동의 일환으로 우리나라 말과 역사 연구에 매진하였다. 그리하여 한글에 대한 강연과 철자법 연구, 그리고 조선어 사전 편찬에 몰두하였다.

민족주의 역사가로서의 활동 03

사론史論을 통해 민족의식을 고취하다

서당시절 훈장으로부터 역대 이야기에 대해 들은 이윤재는 역사 공부에 흥미를 가지게 되었다. 이후 『대한매일신보』에 게재된 신채호의 글을 통해 자극을 받았으며, 1921년 베이징대학 사학과에 입학한 뒤 역사학에 몰두하기 시작하였다. 1924년 귀국 후에는 중등학교에서 교편을 잡으며 국어와 역사 연구에 전념하였다. '조선어급한문' 교과 시간에는 『문예독본』으로 민족어 교육, 즉 한글 맞춤법 보급에 앞장섰고, 남은 시간을 활용하여 민족사 교육, 즉 조선사에 대해 설명해 주었다.

대학에 출강해서도 마찬가지였다. 그는 연희전문 문과에서 조선어 과목을 담당하였는데, 그때도 조선사 강의를 하였다.

조선 역사를 강의하는 분으로 이윤재 강사가 있다. 작년부터 시무視務하기 시작하였는데 원래 씨氏는 사회적으로 많이 알려진 분으로 현재 동아일보에 관계를 맺고 중후한 인격이 학생들에게 감화를 일으키는 바가 많다. 그러나 교수시간에 그의 강의를 필기하자면 꽤 갑갑증을 느끼게 한다.

– 한양학인, 「신진학자 총평(일), 연희전문학교 교수층」,
『삼천리』 제10호, 1930년 11월

이윤재는 1934년 진단학회 창립에 발기인으로 참여하였다. 그는 1930년대 중반 정인보, 문일평, 안재홍 등과 함께 조선학 운동에도 관여하였다. 이들은 일제의 조선 문화 말살 정책에 맞서 조선의 민족 문화를 유지하고자 조선학 운동을 전개하였다. 정약용 연구도 그 일환이었다. 1935년 7월에 이윤재는 백남운, 문일평, 이인, 손진태, 정인보, 안재홍과 함께 다산 서거 100주년 기념행사의 발기인으로 참여하였다. 아울러 기념 강연도 안재홍·황의돈과 함께 하였다. 1935년 7월 17일에 이인의 개회사로 개최된 정다산 선생 서거 백년 기념강연회에서 그는 「역사상으로 본 우리의 발명」이라는 연제로 기념 강연을 하였다. 이 날 황의돈은 「주자와 거북선의 발명」으로, 안재홍은 「정다산 선생과 조선 과학」으로 강연하였다.

이윤재는 민족의식을 고취하고자 우리나라 역사와 관련된 연구와 발표를 활발히 전개하였는데, 이를 분류하면 다음과 같다.

첫째로, 반일의식을 고취시켰다. 그는 일본에 대항한 역사인물에 관심을 집중하였다. 즉 이순신, 권율, 조헌, 김천일 처, 안용복, 민영환 연구가 그것이다. 그의 민족 인식은 강렬하였다. 이러한 민족인식은 이

「정다산 선생 기념강연 성황으로 폐막」(『매일신보』, 1935년 7월 18일). 기독교청년회관에서 개최된 정다산 선생 서거 백년 기념강연회에서 이윤재, 황의돈, 안재홍이 강연하였다.

순신에 대해 『동아일보』에 장기간 연재함으로써 드러내었다. 「성웅 이순신」(1930년. 43회 연재)이 그것이다. 이 글은 이윤재가 정조 때 간행된 『충무공전서』 가운데 이순신의 조카 이분이 지은 「행록」과 승지 최유해가 지은 「행장」을 바탕으로 쓴 것이다. 이 연재분은 1931년 8월에 한성도서주식회사에서 『성웅 이순신』으로 출판되었다. 이 책의 서문은 민족주의 역사가인 정인보가 썼다. 정인보와 이윤재는 서로 막역한 사이였다. 둘은 연희전문에서 같이 근무하였고, 조선학 운동에도 동참하였다. 이윤재는 이 책의 간행에 문일평, 이은상, 백낙준, 유각경 제씨의 노고를 사례한다고 서문 앞머리에 밝혔다. 주목할 만한 사실은 민족주의 역사가인 문일평이 이 책의 간행에 도움을 주었다는 데에 있다.

이윤재는 이 책을 통해 국가와 민족을 위해 헌신한 이순신의 노선을 계승할 것을 강조하였다.

"나라야 망하건 말건 알배 있나. 내 한 목숨이나 잘 보전하였으면 고만이며, 동족이야 욕보건 말건 무슨 관계냐. 내 일신이나 편히 살았으면 제일이라 하지마는, 필경에는 살아도 아무 유익이 없고 죽어도 아무 광채가 없어 북망산에 한줌 흙으로 화하고 마는 가련한 인생이 아니냐. 충무공같이 오로지 국가를 위하여 민족을 위하여 그 일신을 희생하여 불같이 뜨겁고 쇠 같이 굳은 결심으로 한 번 죽음으로써 맹세하는 자 세상에 과연 몇이 있는가"

이 책은 인기가 있어 초판이 다 팔렸다. 그리하여 두 번째 판을 내었는데, 다 팔리기 전에 일제의 관헌이 '조선 사람에게 읽힐 것이 못된다' 하여 발매 금지 처분을 하였다. 이 책의 전면을 통해 우리는 그의 반일

의식을 엿볼 수 있다. 해방 뒤 『성웅 이순신』은 1946년 통문관에서 재발행되었다. 책의 전체 분량은 78쪽에 달한다.

이어서 이윤재는 「거성의 임종어록」을 『동아일보』(1936)에 연재하여 왕건, 이순신, 서산대사, 김유신, 조헌 등에 대한 기술을 통해 민족의식을 고취하였다. 특히 그는 「거성의 임종어록, 일사보국의 최후유촉最後遺囑 – 맹산서해盟山誓海의 충무공 이순신」(『동아일보』, 1936년 6월 10일)이라는 글을 통해, 이순신이 노량해전을 앞두고 하느님께 기도하기를 "만일 이 수적을 멸하면 죽어도 한 됨이 없겠나이다." 하였다. 이것이 공의 일사보국一死報國을 맹세하는 최후의 굳은 결심이었다고 기술하여 우리 민족의 항일의식을 고취하였다.

이윤재가 연재하고 있던 「성웅 이순신」, 『동아일보』, 1930년 10월 3일)

둘째로, 민족문화의 우수성을 드러내었다.

1930년 7월 30일에서 8월까지 중앙기독교청년회관에서 조선어학회 주최로 열린 한글강습회에서 이윤재는 '조선문화사'라는 제목을 가지고 강연하였다. 우리나라 전 시대에 걸친 문화에 대한 해박한 지식을 가지고 있었기에, 조선문화사를 강의할 수 있었던 것이다.

이윤재는 민족문화를 꽃피운 우수한 학자와 독창적인 발명품을 만들어낸 발명가에 대해 그 의미를 높게 평가하였다. 「조선민족의 은인과

이윤재가 연재한 「거성의 임종어록」(『동아일보』, 1936년 6월 10일)

의범」(『신생』, 1931년 4월)이라는 글에서 그는 학자 12명의 업적에 대해 서술하였다.

독창적인 해동종을 세웠으며 불교를 대중화 한 원효, 문학에 능하고 방언으로 구경九經을 해석하였으며 또 이두를 지은 신라인 설총, 불전대집적佛典大集積으로 세계무이世界無二의 대장경 대주판大雕板이 있게 한 대각국사 의천, 고려의 유학 중심의 대교육가 최충, 고려의 일류 유학자이자 첨학전瞻學錢을 두어 인재를 양성한 안유, 중국풍에 젖지 아니한 자유주의의 대문호 이규보, 태조조인이자 의학대가 정경선, 조선 제일 유종(儒宗)으로 외국에까지 존모(尊慕)함을 받은 명종조인 이황, 동의보감의 저자 허준, 국학연구의 선구자 영조조인 이익, 대동여지도를 각성(刻成)한 철종조인 김정호, 고종대 한글부흥의 대공로자 주시경 등이다.

아울러 그는 학자 유희와 박지원의 업적도 기술하였다. 먼저 19세기의 한글 연구 대가인 유희와 그의 저서인 『언문지』의 특징을 서술하였다. 이어서 일제의 조선민족 말살정책이 노골화되던 시기였음에도 그는 우리의 고전인 『열하일기』(박지원 저)의 일부를 번역하여 「도강록」이라는 글로 연재를 10회에 걸쳐 계속하여, 민족의 문화유산을 유지하려고 하였다.

『도강록』(박지원 저·이윤재 역, 대성출판사, 1946)

다음으로 그는 우리 민족이 만들어낸 발명품에 대해 상세히 설명하였다. 우선 발명가의 업적을 「조선민족의 은인과 의범」이라는 글에서 간략히 서술하였다.

현금을 발명한 고구려인 왕산악, 천보노를 발명하고 당주(唐主)가 애써서 그 기술을 구하려 했으나 끝끝내 전하여 주지 않은 신라인 구진천, 소거(繰車)를 발명한 정천익, 훈민정음을 창제하시고 아악과 간의기 등 문명이기를 발명한 대성인 세종, 비격진천뢰(대포)를 발명하여 적을 파(破)한

선조조인 이장손, 비차(비행기)를 창제한 선조조인 정평구 등을 소개하였다.

이어서 그는 한국 발명품의 우수성을 널리 홍보하였다. 즉 「내자랑과 내보배-독창과 발명」(『동아일보』, 1934)이라는 글을 연재하여 우리 민족이 제작한 1. 대궁大弓(포노, 천보노), 2. 현금과 가야금, 3. 만파식적과 옥적玉笛, 4. 활자, 5. 도자기, 6. 소거繅車, 7. 간의대(혼의혼상, 일구日晷, 일성정시의日星定時儀, 자격루), 8. 측우기, 9. 인지의引地儀, 10. 훈민정음, 11. 귀선龜船, 12. 사조구四爪鉤, 13. 해구선海鷗船과 윤선輪船, 14. 비차飛車, 15. 화차火車, 16. 비격진천뢰飛擊震天雷, 17. 사상의술四象醫術 등 26종에 달하는 한국 발명품의 우수성을 널리 소개하였다.

그는 이런 발명품들이 조선의 보배요 세계의 자랑거리로, 우리의 독창력과 발명하는 재주가 뛰어났다는 것을 알아야 한다고 강조하였다. 그는 과학기술의 역사가 누락되고 인멸되는 것을 안타까워하며 관심을 가질 것을 다음과 같이 역설하였다.

> 전인前人이 손에 대어보지 못한 것 더욱이 남에겐 없고 오직 내게만 있는 특별히 두드러진 것이란 그 수가 실로 많지 아니하다. 더구나 우리 역사에는 이러한 사실이 많이 소루疏漏되고 인멸湮滅되어 그 이름이라도 남아 있는 것이 몇이 되지 못하는 것은 무엇보다도 아까운 일이다. 그러나 이것이 얼마나 우리 인류 문화에 공헌이 컸으며 전세계에 내놓아 자랑이 되고도 오히려 남음이 있을 것인가
>
> -「내자랑과 내보배-독창과 발명(1)」, 『동아일보』, 1934년 12월 13일

그러면서 그는 인류는 도구를 만들고 사용하는 동물이다. 인류는 석기시대로, 청동기시대로, 철기시대로 이 3대 단段을 지내어 왔다. 오늘날은 과학문명의 시대이고, 물질의 문명과 공창工廠의 문명시대다. 독창과 발명으로 인류 사회는 발전해 왔다고 하여 발전사관에 입각하여 역사를 파악하였다.

여기에서 주목되는 부분은 그가 무기와 전선에 대한 설명을 상세히 하고 있다는 점이다.

신라 문무왕 때 사찬 벼슬에 오른 구진천은 1,000보나 나가는 기계활인 천보노를 만들어 전공을 크게 세웠다. 이에 대한 기록은 『삼국사기』 신라본기 문무왕편에 나온다. 이를 안 당나라 고종이 670년 구진천을 소환하였는데, 그는 당의 신라 침략을 간파하여 끝내 당고종에게 제작비법을 알려주지 않았다고 한다. 이에 대해 이윤재는 그의 애국심을 다음과 같이 칭찬하고 있다.

당나라가 백제와 고구려를 멸하고 신라까지 집어 삼키려 하는 것을 신라가 고전악투로 당병을 물리치기는 하였으나, 장차 당의 침구侵寇를 면하기 어려울 것을 구진천이 잘 알고 있으므로, 이러한 무기의 비법을 우리의 구적仇敵이 된 외국에 전수하는 것이 옳지 않음을 생각하여 당주唐主의 청請에 죽기를 위한爲限하고 들어주지를 아니하였던 것이다. 구진천은 참 애국자이다. 구진천 발명의 천보노가 오늘날까지 전해오지 못한 것이 크게 한恨 될 일이다.

－「내자랑과 내보배－독창과 발명(3)」, 『동아일보』, 1934년 12월 15일

또 거북선에 대해 그는 영국해군기(1883)에 나오는 "조선의 전선은 철판으로 배의 전면을 싸되 귀갑과 같으며, 일본의 목조 병선을 깨트렸다. 이것은 세계 최고의 철갑선으로 조선인이 창조한 것이다"를 인용하여 조선이 세계 최초로 철갑선을 발명하였다고 평가하였다.

한산 전양前洋 대해전에서 적선 72척을 격침하여 편로片櫓도 득환得還하지 못하게 함과 안골포에서 적선 42척을 복멸覆滅함과 명량에서 적선 오육백 척이 바다를 덮어 오는 것을 겨우 12척의 우리 전선으로 그를 전멸한 것과 노량에서 적선 수백 척을 격파하여 완전히 제해권을 거두게 된 것은 대개 이 귀선의 공적이라 할 것이다.
 –「내자랑과 내보배–독창과 발명(12)」, 『동아일보』, 1934년 12월 28일

이순신이 일본군과의 해전에서 적을 제압하는 데 거북선이 크게 기여하였다는 것이다.

또 이순신의 창안으로 만들어진 사조구는 네 갈고리와 사슬로 연결된 연장으로, 이것을 적선에 던져 얽어매어 잡아 끌어오는 데 사용하였다. 임진왜란 때 사용된 장병겸은 긴 자루 큰 낫으로, 배 밑바닥을 긁어 다가오는 적을 막는 데 쓴 것으로 설명하였다.

이윤재는 선조 때 전라도 김제 사람인 정평구가 진주에서 비차(곧 비행기)를 창제하여 타고 먼 곳까지 날아갔다고 기술하며 정평구를 조선 최초의 비차 발명자라고 보았다. 이윤재는 "우리의 손으로 만들어진 비차가 후세에 전승하게 못함은 이왕에 우리가 공예를 너무 천시하였음과

이런 기교한 짓을 하다가 불측不測의 화를 받기 쉬움이 그 원인이 되는 것이다"라고 조선왕조를 비판하였다.

이윤재는 화차는 전쟁에 쓰는 병기로, 1592년 선조 때 전라도 소모사 변이중邊以中이 창제한 것이라 설명하였다. 전차를 만들어 한 차에 46개 구멍을 뚫어 승자총 40정을 걸고 심지에 불을 질러 차례로 발사하게 한 것이었다. 그는 "화차는 오늘날 기관총과 탱크의 원조라 할 것이다. 변이중이 화차 300량을 만들어 권율에게 나누어 주었다. 유명한 권율의 행주대첩은 이 화차의 힘을 입음이 많았다"고 평가하였다.

또 비격진천뢰는 1592년 임진왜란 때 화포장 이장손이 창제한 것으로, 성을 공격하는 무기요 세계에 있는 박격포의 효시라 할 것이라고 이윤재는 평가하였다.

이러한 발명품들이 조선 후기와 한말에 계승되지 못한 것을 그는 한탄하였다. 그 이유는 우리나라의 무기와 전함을 만드는 과학기술이 발달하였다면 일제에 식민지 지배를 받지 않았을 수도 있었을 가능성 때문이었다.

발명품들이 조선 후기와 한말시기에 계승되지 못한 이유에 대해 그는 조선조 양반사대부들의 과학기술 천시에서 찾았다.

"이씨조朝가 들어서면서부터 숭유억불을 여행勵行하매, 불교문화가 점점 쇠퇴하여짐과 한가지 광휘있던 예술이 그 빛을 감추었으며, 더욱이 소위 사류배士類輩는 당우唐虞나 꿈꾸고 정주程朱나 되풀이하는 것으로 큰 행세거리로 삼아 부문욕례浮文縟禮만 숭상할 뿐이요 일기일예一技一藝의 창의적 노력은 대금물大禁物로 쳐왔다. 이러구러 우리 선민先民의 명적

유물^{名蹟遺物}이란 헐림은 있어도 생겨남은 없으며, 묻힘은 많아도 드러남은 적었다. 이 어찌 문화상 큰 죄악이 아닌가."

이윤재는 조선시대에 들어와 양반사대부들이 성리학만을 존숭하고 기술과 예술을 천시하여 창의적인 업적이 발달하지 못하였음을 지적하였다. 이어서 그는 백성의 발명에 대한 조선 정부의 우대가 없었다는 점을 들었다. 우대는커녕 백성의 기교한 발명품은 '불측^{不測}의 화를 받기' 쉬웠다.

이윤재는 「내가 자랑하고 싶은 것-현대문명의 산모, 활자의 발명은 조선이 수위」(『별건곤』, 1928년 5월)라는 글에서 다시 조상의 독창력과 발명력을 계승하여 발휘해야 함을 역설하였다.

이처럼 그는 우리 민족의 독창과 발명에서 민족문화의 우수성을 발견할 것, 일본문화의 우수성에 매몰되지 말 것, 패배주의에 빠지지 말 것을 강조하였다.

셋째로, 민족사의 유구함을 강조하였다. 경신학교 재직 시절에 그는 「조선역사개설」(『경신』, 1929년 4월)이라는 글에서 단군이 조선이라는 나라를 세웠다고 밝혔다. 그리고 「문답 조선역사」(『신가정』, 1934년 5월)에서 단군이 기원전 2333년에 조선이라는 나라를 이룩하였는데 그 영역이 조선과 만주, 즉 북으로 흑룡강, 서로 요하까지 이르렀다고 서술하였다.

아울러 그가 지은 『한글공부』와 「하기학생 계몽운동 한글 교재 해설」을 통해 "지금으로부터 사천 삼백여 년 전에 한배 단군께서 여기(백두산)에서 나셔서 이 강산을 이룩하시었다"라고 하여, 우리나라 역사의 유구성을 드러내었다. 그는 단군의 탄생지로 백두산을 강조하였고, 묘향산에도 단군의 고적이 있고, 구월산은 단군이 돌아가신 곳으로 이름이 있다고 하여 단군을 민족사의 시원으로 보았다. 여기에서 그는 단군 이후 동명성왕, 온조왕, 박혁거세, 박제상, 을지문덕, 대조영, 왕건, 최영, 정몽주, 세종대왕, 이순신 등을 자세히 설명하여 민족의식을 일깨웠다.

「조선 역사 강화(1)」(『한글』, 1935년 1월)이라는 글에서도 그는 단군왕검이 조선이라는 나라를 세워 사방을 다스렸다고 기술하였다.

이처럼 이윤재는 우리나라가 4300여 년의 역사를 가지고 있다고 하며 일제의 조선사 왜곡과 말살을 비판하였다.

민족정신을 고취한 역사를 저술하다

이윤재는 방대한 저술을 남겼다. 그의 학문의 두 기둥은 조선어와 한국사 연구에 있었다. 이를 통해 민족의 넋을 지키고자 하였다. 조선어와 조선사 연구의 목적이 독립운동의 연장선에 있었다는 뜻이다. 특히 그의 조선사 연구 의도는 우리 역사는 독립국가를 유지해온 전통이 있다는 사실을 분명히 밝히고자 함에 있었다. 또한 각종 잡지와 신문을 통해 그가 우리 역사를 저술한 또 하나의 의도는 조선의 학생들이 보통학교와 중등학교에서 우리나라 역사를 배우지 못하는 교육 현실을 타파하고자 함에 있었다.

일제는 조선의 학교 현장에서 일본사를 국사 교과로 가르쳤다. 조선

역사를 학생들과 일반인들에게 가르칠 수 있는 매체는 신문과 잡지로, 이를 통해 부분적으로 이루어질 수 있었다. 이 시기 민족주의 역사가인 문일평, 이윤재, 안재홍, 정인보 등이 이런 매체를 통해 민족사를 보급하는 일을 하였다. 이들은 일제 침략자에 맞서는 차원에서 각종 매체와 강연을 통해 조선사 강의를 전개하였던 것이다.

이윤재의 역사저술은 크게 네 분야로 이루어졌다.

첫째로, 통사 형태로 우리나라 역사를 저술하고자 하였다. 1929년 경신학교에 근무하던 시기 「조선 역사 개설」이라는 글에서 그는 단군조선에서 조선의 건국까지를 5쪽에 걸쳐 다루었다. 그러자 배일사상이 농후하다고 하여 일제는 『경신』을 폐간시켰다. 이후 일제강점기 내내 속간이 되지 못하였다.

이후 6년 뒤에 조선어학회의 기관지인 『한글』을 편집하던 시기에 1935년부터 6회에 걸쳐 『한글』의 「조선 역사 강화」라는 글에서 조선 역사의 고대사편인 석기시대에서 남북조시대(신라와 발해역사)까지를 총 19쪽에 걸쳐 다루었다. 또 1934년에는 청소년을 위한 강좌에 참여하여 「문답 조선역사–지상 조선보통학교 제3과 역사」라는 글을 통해, 단군조선에서 조선왕조까지의 우리 역사를 간략히 기술하였다.

그러나 안타깝게도 이상에서 살펴본 바와 같이 그의 통사 관련 글은 몇 개의 논문 발표에 그쳐 우리나라 전체 역사를 다룬 통사 저술은 결국 미완성에 그쳤다.

둘째로, 인물 중심의 한국사를 기술하였다. 우리 민족과 사회를 위해 일한 인물을 집중 부각하였는데, 「쾌걸 안용복」이라는 글에서 이윤재는

조선 역사 강화 (一) 상고편

나라의 시초

백두산을 중심으로 하여 남으로 한해(瀚海=조선 서남 바다)까지, 북으로 흑수(黑龍江)까지의 큰물을 옛날로부터 진(震)이라 하였는데, 아득한 옛날부터 살아오시, 식기한 미개인(未開人)이 여기저기 흩어져 어렵(漁獵)으로 생업을 삼으며, 시방부터 오천년쯤 전에 석기와 한가지 동철기(銅鐵器)를 쓰고, 농업으로써 먹고 살을 아는 민족이 서쪽으로부터 차차 나라를 따라서 나라란것을 세웁니다. 이 진보한 문화를 가진 민족은 골각기(骨角器)를 쓰며, 시방부터 오천년쯤 전에

단군왕검께서 나시다

한 인간을 깨끗하게 하기 위하여, 하늘위로부터 태백산(太白山) 가운데 내려 나라를 세워 조선이라 이름하시고, 신도(神道)로써 사방을 다 스리시니, 이 어 「박」사람은 본디 천제(天帝)의 자손으로서 컴컴한 인간을 깨끗하게 하기 위하여, 하늘위로부터 부족(部族)의 사이에서 스스로 일고, 깊은 신앙과 단단한 결속을 가진 한 종족(族)이 「우리우리다. 어떠하든지중에 신인(神人)이 래백산(太白山) 가운데 나시, 나라를 세워 조선이라 이름하고, 신도(神道)로써 사방을 다 스리시니, 이 어

조그만 나라들

단군왕검이 처음 개명한 곳이란 뜻이요, 「단군왕검」은 하느님이라는 뜻입니다. 「조선」은 처음 개명한 곳이란 뜻이요, 「단군왕검」은 하느님이라는 뜻입니다. 단군왕검이 다스리시는 조선왕조는 이동안에 강 일천년으로 계속하였읍니다. 이동안에 「박」사람의 종족이 크게 번민(繁衍)하, 사방으로 흩어져서 조그만 새 나라들을 만들어, 북에는 송화강(松花江)을 끼고 생긴 부여국(夫餘國)과, 남에는 대관령(大關嶺) 좌우의 예(濊)와, 한강 남쪽의 한(韓)이 그중에 단군의 끝짬으로부터 조선의 국토는 차

국토가 남으로 옴기다

차 남으로 옴기어서, 대동강 부근이 그 중심을 이루고 이때부터 임금을 기자(箕子)로도 일걷으니, 어것이 뒤에 지나의 지자(箕子)로와(混訛)되었읍니다.

위만이 들어오다

기자시대에는 농업의 재주가 떠욱 어서 경제의 힘이 크고, 따라서 모든 문화가 훨씬 발달하였읍니다. 기자조선 은 북으로 육지와 쉬우른 바다 건너로 그 옷이 되었는데, 지나에는 난리가 아니하므로, 북성이 낙토(樂土)를 찾아 동으로 많이 유어(流 移)하여 오고, 또 평시에라도 무역(貿易)의 이익을 익어 그 왕래가 자못 번거러우니, 이동은 다 조선국

이윤재가 연재한 「조선 역사 강화」(1935)

민족과 사회를 위해 일한 역사인물의 업적이 묻히고 인멸됨을 막는 것이 우리 역사의 정체를 구한다고 밝혔다.

그는 우리 역사 속의 인물을 다섯 가지로 분류하여 부각하였다.

첫째, 중국과 일본의 침략에 맞선 자주적 인물을 집중적으로 부각하였다. 대중국 자주 인물로는 「조선민족의 은인과 의범」(『신생』, 1931년 4월)이라는 글에서 삼국시대 인물로 광개토왕, 장수왕, 을지문덕, 연개소문, 김유신, 구진천, 대조영을 들면서, 다음과 같이 이들의 업적을 각각 서술하였다.

먼저 일대一代에 64성 1400촌을 공파하여 커다란 위적偉績을 남긴 광개토왕, 모용연을 멸하여 요동을 거두어들이고 백제를 쫓아내서 공전空前의 대판도를 넓힌 장수왕, 수주隋主가 대거 입구入寇하매 절대 주전主戰을 논하고 출전하여 살수대첩을 이룬 을지문덕, 불꽃같은 자주의 정신으로 친당파를 일망타진하여 당으로 기울어지지 못하게 한 연개소문, 통삼統三 후 반도 안에서 당의 세력을 구축하고 신라로 하여금 완전한 독립의 실實을 거擧케 한 김유신, 천보노를 발명하고 당주唐主가 애써서 그 기술을 구하려 하나 끝끝내 전하여 주지 아니한 신라인 구진천, 진방震邦의 독립을 회복하려고 30년간 운동한 끝에 대제국을 건설한 대조영 등을 소개하였다.

그리고 고려시대 인물로 서희, 강감찬, 윤관, 최영의 업적을 서술하였다. 즉 서희가 거란장수 소손녕이 침입하자 다만 변설로써 80만 대병을 각却한 것으로, 강감찬이 거란군 10만을 대파한 것으로, 윤관이 예종 때에 여진을 쫓아내고 9성을 쌓은 것으로, 최영이 민족적 대이상을 실현하고자 정명론征明論을 제창한 대정치가이었던 것으로 기술하였다. 조선시대 인물로는 김종서를 들었다. 그는 김종서가 야인을 쫓아내고 육진을 개척한 업적을 남겼다고 서술하였다.

아울러 이윤재는 「을지문덕묘 참배기」(『별건곤』, 1930년 11월)라는 글에서 평남 강서군 현암산 속에 을지문덕 장군의 묘가 있다고 하여 자신이 직접 찾아가 확인한 결과 현재 묘가 없다는 사실을 전하면서, "우리 전 조선 사람의 수치가 되는" 것이라고 기술하였다. 그리고 「인헌공 강감찬」(『동아일보』, 1931년 10월 1일(상)~10월 2일(하)]이라는 글에서 고려가 강감찬의 힘으로 중흥되었으며, 이로써 조선 민족이 자주독립의 실實을 얻었다고 평가하였다. 그리고 1936년 「조선의 이름난 임금들」이라는 글에서 신라의 문무왕에 대해 "당나라의 힘을 빌어 고구려를 멸하여 삼국의 통일을 완성하다. 당초에 신라가 당나라를 끌어들인 것은 일시 외교 형책衡策을 써서 자국 호위상 잠깐 그의 힘을 이용함에 있었기 때문에, 삼국통일을 이룬 다음에는 도로 당나라 군사의 점거한 땅을 쳐서 대소 이십여 전에 다 승리를 얻고, 당나라의 세력을 구축하기에 애썼다"라고 대당투쟁에 승리한 업적을 높게 평가하였다.

대일본 자주 인물로는 안용복, 김천일의 처, 이순신, 권율, 민영환 등에 대해 글을 발표하여 반일 의지를 분명히 드러내었다. 「쾌걸 안용복」(『동광』, 창간호, 1926년 5월)에서 안용복이 울릉도의 영유권을 확약 받았음을 규명하였으며, 「지모의 여걸 – 김천일의 처」(『신생』, 1929년 11월)라는 글에서 임란의병장 김천일이 이름을 날리게 된 것이 아내의 꾀에서 나왔다는 사실을 흥미롭게 기술하였다. 김천일의 처는 임진왜란 전에 박을 쪼개어 옻칠을 한 바가지 수천 개와, 똑같은 모양으로 두서너 개의 쇠 바가지를 각각 만들어 두었다. 그리고 임진왜란 중에 조선의 의병들은 박 바가지만 차게 하고, 쇠 바가지는 길가에 흘려두게 하였다. 쇠 바가지를 주워든 일본군은 조선의 의병들이 바가지를 허리에 차고 새처럼 빨리 이동하는 것을 보고, 김천일의 의병부대가 나타나면 피하라는 명령을 내렸다. 이리하여 김천일 부대는 대적하는 일본군이 없어 대승을 거두었다는 내용이다.

이윤재는 「조선을 지은이들, 성웅 이순신」(『동아일보』, 1930)을 연재하면서 이순신의 활약상을 잘 그려내었다. 연재된 이 글은 한성도서주식회사에서 『성웅 이순신』(1931)으로 출판되었다. 이 책은 인기가 있어 초판이 다 팔리고, 두 번째 판을 내었다.

「삼월사상 삼대전첩-통쾌! 대통쾌! 권율도원수 행주대첩」(『별건곤』, 1929년 4월)에서는 권율 장군이 이끈 행주대첩이 임진왜란 중 육전에서 가장 장렬하였다고 평가하였다. 계속해서 「강감찬의 귀주대첩과 권율의 행주대첩」이라는 글에서도 행주성 전투가 임진왜란 중 육전 가운데 가장 장렬한 대전으로, 조선군의 대승리로 일군이 궤멸하였다고 기술하였다.

「조선민족의 은인과 의범」(『신생』, 1931년 4월)이라는 글에서도 반일 자주인물을 서술하였다. 고려시대 인물로 정지를, 조선시대 인물로 안용복, 이순신, 이장손 등에 대해 서술하였다. 정지가 해상왜구를 박멸한 것으로, 안용복이 천신만고를 겪고서 울릉도를 찾아낸 것으로, 이순신에 대해 거북선을 발명하고 3대 해전에 위공을 세워 세계 해전사에 무이無二한 영웅이 된 것으로, 이장손이 비격진천뢰(곧 대포)를 발명하여 적을 파破한 것으로 기술하였다.

「충의의 인 민충정공」(『신동아』 창간호, 1931년 11월)이라는 글에서 이윤재는 을사늑약 체결에 항의하여 순절한 민영환의 애국 정신을 강조하였다.

둘째, 대내 자주적 인물을 서술하였다. 김유신, 이규보, 세종대왕, 이이, 부랑, 우용택, 주시경, 임제, 문일평 등이 그들이다. 「김유신의 청춘 시절-동양인의 청춘시절」(『별건곤』, 1929년 6월)에서 김유신이 조국 신라를 위하여 의분심을 발휘하였다고 하였으며, 「고려 중엽 대문학가 이규보 선생」(『학생』, 1930년 10월)에서 그는 이규보가 중국식 문투를 답습하지 않고 글을 작성하였다는 사실을 발견하여 자유주의를 숭상함이 그의 특성이라고 평가하였다. 몽골 군대의 강압에 맞서 외교문서를 잘 작성하여 철병케 하는 공훈이 있다는 사실도 기술하였다.

「조선을 지은 이들, 대성인 세종대왕」(『동아일보』, 1930)에서는 세종대왕의 업적을 통해 조선어 쓰는 법을 알게 할 뿐만 아니라 조선을 알게 할 의도로 연재를 시작하였다고 밝혔다. 그는 세종의 업적을 "안으로 문화를 크게 발달하시며, 밖으로 무공을 널리 떨치신 허다한 치적은 실로 많고 역대 제왕에게 보기 드문 바이며, 여러 가지 창의와 발명이 많은 가운데 한글(훈민정음)의 창제하심은 우리나라에 둘도 없는 큰 보배일 뿐더러 세계에 자랑할 큰 업적이시다"라고 정확하게 평가하였다. 세종이 문무를 겸비하여 탁월한 업적을 남겼는데, 특히 한글 창제는 우리나라의 제일 큰 보배요 세계에 자랑할 업적이라는 것이다. 그는 세종대왕의 업적을 1. 대왕의 탄강 2. 세자 책봉과 수선受禪 3. 대왕의 성격 4. 대왕의 내치 5. 대왕의 외정外征으로 나누어 최초로 종합적으로 연구하였다. 이러한 연구가 가능했던 배경에는 『조선왕조실록』 등을 독파할 수 있는 이윤재의 탄탄한 한문 실력이 있었기에 가능하였다.

「율곡 선생 소전」(『신생』, 1931년 2월)에서는 이이의 일대기를 기술하였다. 이 글에서 이윤재는 이이가 임금 선조에게 경연석상에서 10만 양병을 주장하여 나라의 위급에 대비하라는 말을 하였다는 것을 지적하였다. 이 글은 잡지 『신생』이 이이의 탄생을 기념하여 조선을 알고 빛내고자 하는 마음을 다잡고자 하는 의도에서 기획된 결과로 나온 것이었다. 계속해서 이윤재는 「거성의 임종어록」(『동아일보』, 1936년 7월 1일)이라는 글에서 여진족에 대한 방비책을 최후로 계달啓達한 이율곡의 위국헌신을 기술하였다.

「여걸 부랑-이괄난중 정충신 막좌의 유일인」(『동광』 제4호, 1926년 8월)에서는 여걸 부랑의 지략을 받아들여 정충신이 이괄의 반란을 진압하였다고 기술하였다.

또한 당대 인물인 우용택과 주시경에 대해 기술하였다. 「현존 기인 육봉 우용택 선생」(『별건곤』, 1929년 8월)에서 매관매직을 일삼은 내부대신 박제순을 골려준 사람인 우용택에 대해 기술하였으며, 「한글운동의 선구자 주시경선생」(『삼천리』, 1935년 10월)에서 주시경이 협성회, 국문동식회, 국문연구소, 국어연구학회 등을 조직하였고, 상동청년학원에 조선어 문법과를 개설하였으며, 공사립학교에서 조선어교과를 담당하였고, 조선광문회에 들어가 우리글에 대한 문서교정과 사전편찬을 지도하

「대성인 세종대왕」, 『동아일보』, 1930년 3월 17일(1회)

였으며, 조선어강습원에서 한글 보급을 도모하였다고 그 업적을 기술하였다. 아울러 주시경은 한글 과학운동의 선구자라고 평가하였다.

덧붙여 「거성의 임종어록」(『동아일보』, 1936년 6월)에서는 후삼국을 통일한 왕건을, 사이四夷육만六蠻이 다 제국인데 홀로 자립 못함을 한恨한 임제를 소개하였다. 이윤재는 임제가 임종에 이르러 처자에게 "사이와 팔만이 다 제국이 되었거늘 유독 조선이 능히 자립하지 못하고 중국에 입주入主하였으니, 내가 산들 무엇을 하며 내가 죽은들 무엇이 한되리오"라는 말을 남겼다고 기술하였다. 이윤재의 자주 독립국가 건설 염원을 조선의 자주인인 임제를 통해 드러냈다고 볼 수 있겠다.

그리고 동시대에 이윤재와 함께 역사가로 활동한 문일평에 대해 기술하였다. 문일평, 이윤재, 정인보, 안재홍 등 민족주의 역사학자들은 함께 조선학 운동에 참여하는 등 교분이 두터웠다. 진단학회 조직 때에도 이윤재는 문일평과 함께 발기인으로 참여하였다.

이윤재는 단명한 문일평과 그의 사학을 이렇게 기술하였다.

호암은 그 일생을 오로지 조선사 연구로 종시終始하였나니, 그의 전 심혈을 이를 위하여 쏟고, 그의 전 생애를 이를 위하여 바치었다. 자래로 이른바 조선사학자란 그 사안史眼이 소범위에 국한되어 다만 자아몰각의 비열한 모화사상에 흐르지 아니하면 한갓 망자존대妄自尊大의 편협한 애국주의에 젖었을 뿐으로, 그 표현의 방법이 거의 다 편파사곡偏頗邪曲과 견강부회에 그치고 말았다. 그러므로 독사자讀史者로 하여금 신뢰할 만한 진정한 사실史實을 찾아보기가 심히 어려운 바이다. 호암은 일직 낙탁落卓한 식견과 고결한 지조로 재래의 사학의 통폐를 절실히 느끼어 오직 그 학적 양심으로써 사학을 사학답게 연구하여 보리라는 것이 그의 사안史眼이었다. 조선사의 황무지를 개척하려면 물론 사료의 수집이 귀한 것이다. 그는 이래 수십 년간 단순히 여기에 뜻을 두어 거의 망식폐침忘食廢寢하고 고문헌 중에 감추어 있는 편언척구片言隻句에서나 향곡鄕曲 간에 흩어져 있는 유사遺事일화逸話에까지 손대지 않은 데가 없이 종시일관 오늘에 이르렀으니 그 고심과 비력費力이 과연 어떠하였으랴.

문일평의 사학은 모화사상이나 편협한 애국주의에 흐르지 않았으며,

역사학을 역사학답게 연구한 점이 그의 사안이었다고 평가하였다. 그러면서 이윤재는 『호암사화집』(1939년 7월)에는 다른 역사책에서 볼 수 없는 특수한 사실事實이 많이 수록되어 있는 점과, 어느 한쪽에 편기하거나 아유阿諛함이 없이 그 의론이 정당하고 또 확실함을 믿을 수 있는 점 등이 모두 이 책에서 자랑하기에 넉넉한 것이라고 기술하였다.

아울러 이윤재는 문일평의 『호암사화집』은 조선역사상 가장 정수한 부분을 발췌하여 상대로부터 근대까지의 중대한 사실事實이 거의 포함되어 있으므로 조선사를 통관通觀하기에 족하며 그다지 필요하지 않은 호한浩澣한 문적을 저작咀嚼함보다 꼭 알아야만 할 정확한 사실史實 몇 토막이라도 기억하여 두는 것이 역사의 지식이 부족한 이에게는 도리어 낫다고 보기 때문에 통사通史 이상의 필요성이 있다고 높게 평가하였다(「(뿍레뷰)문일평씨의 유고『호암사화집』」, 『동아일보』, 1939년 7월 28일).

이상을 통해 우리는 이윤재가 문일평과 그의 사학에 대해 정확하게 평가하고 있음을 확인할 수 있었다. 문일평과의 교분이 두터웠기에 이러한 글을 이윤재가 짧은 기간에 작성할 수 있었다고 판단된다.

셋째, 사회 개혁을 실천한 인물을 드러내었다. 그는 이지함, 홍경래, 최제우 등을 연구하여 발표하였다. 이지함이 곡식 수만 석을 빈민에게 나누어 준 행위를 찬양하여, 1928년 이윤재는 「기인기사 이지함 선생-400년 전 사회주의자」라는 글에서 이지함을 400년 전의 사회주의자로 평가하였다.

또 그는 「신미혁명과 신미양란(1)」(『동광』, 1931년 1월)이라는 글에서 조선정부에 대항한 홍경래에 대해 조선이 순조대 들어와 외척이 농단하여 국정이 문란해지자, 조정의 간당을 제거하고 백성을 구제하려는 자유 평등주의를 내세운 이가 혁명대장 홍경래였다고 하며, 홍경래의 난을 신미혁명으로 높게 평가하였다.

1931년 이윤재는 「일관한 피의 역사 카토릭포교백년(4)-백년성제를 임하야」라는 글에서 철종대 최제우가 창시한 동학은 서학에 반대되는 명칭으로 사회개혁을 목표로 한 일종의 민중운동이라고 평가하였다. 즉 최제우는 철종대 민중운동의 선봉이요, 동학당의 개조였다는 것이다. 이처럼 이윤재는 조선왕조에 대항한 반항아에 대해 긍정적으로 평가하였다.

넷째, 나라에 충성한 인물을 높게 평가하였다. 왕조와 나라에 의리를 지켜 충성한 인물을 강조하였던 그는 「거성의 임종어록」(『동아일보』, 1936)이라는 글에서 죽죽, 김후직, 성충, 정몽주, 최영, 원천석, 성삼문, 조광조, 서산대사, 조헌 등을 기술하였다. 즉 대야성역에 순절한 신라인 죽죽, 쇄심분골의 정성으로 백골이 되어 왕을 충간한 신라인 김후직, 옥중에서 아사한 백제의 애국자 성충, 사생취의捨生取義로 일관한 고려의 충신 팔도도통사 최영, 정충대절精忠大節의 굳은 뜻을 지닌 고려의 충신 포은 정몽주, 비사秘史를 짓고 유언한 고려 말년의 지사 원천석, 작철灼鐵도 차다고 한 사육신의 한 사람 성삼문, 우국애군의 지성으로 기묘사화에 희생한 조광조, 임진왜란에 창의근왕昌義勤王한 서산대사, 임진왜란 때 칠백 의사와 함께 순절한 조헌 등을 높게 평가하였다. 이윤재가 얼마나 의리를 중요하게 여겼는지는 「사상야담 의혈-선죽교에 피흘린 정포은 고사」라는 글에서 확인할 수 있다.

奇人奇事 李之菡先生
― 四百年前社會主義者 ―

陰曆 正初가 되면 시골서는 一年身數를 보녀라고 五行占을 치느니 土亭秘訣을 보느니 하야 한창 야단이다. 이 土亭秘訣은 사람의 生年·生月·生日을 가지고 數를 뽑아서 一年間 吉凶을 알아보는 한 占書인데 그 著者를 내가 이제 여긔서 말하려하는 土亭先生이다. 先生의 姓名은 李之菡이라 하니 四百年前(中宗十二年―宣祖 十一年)의 사람으로 이러한 占書뿐만 後世에 남기었을 뿐만 아니라 平生에 남들이 하지 못할 特別히 奇異한 行狀을 많이 남기었음을 알 것이다.

土室生活로써 號를 土亭

첫재 先生의 號가 土亭인 것부터 怪한 일이다. 일쯕 麻浦에 살 때에 江邊에 흙을 가지고 土室 하나 지었는데 훈이가 百餘尺이나 되야 우를 平面히 한종일 지은 참 奇特한 일이다. 아래에는 房을 만들어 놓고 학서 낮이면 우에 올아가서 한종일 書册 보기로 일이요 밤이면 아래로 내려와서 잠을 잔다. 그리하야 그 집을 土亭이라 하고 뒤여 이것으로써 號를 土亭이라 한 것이다. 先生은 또 항상 讀書를 좋아하여 聖經賢傳에 無不通達이오 온갖 雜術까지도 모르는 것이 없었다.

道袍하나로 乞兒셋에게

先生이 나이 어릴 적에 그 兄님 之蕃을 딸아 毛山守의 집으로 가서 글工夫를 할 때에 밖에 나갔다가 돌아오는데 입었던 道袍는 어찌하였던지 그냥 동저고리바람으로 들어오는 것을 집안사람들이 보고 놀라서 물으니 대답하되 "내가 밖에 나가 본즉 길ㅅ거리에 거지아이 셋이 있는데 오늘 같이 추운 때에 헐벗고 있는 것을 참아 볼수 없어서 내 입었던 옷을 벗어가지고 세쪽으로 찢어서 그 아이들의 몸에 감아주었다"한다. 이말을 들은 원 집안사람들이 어두었더니 이것이 저절로 茂盛하여 추수할 때에 콩과 호박을 른뻐 세척이나 실

돈버는재간으로도 첫재

先生의 先瑩이 保寧 海岸에 있는데 潮水가 부듸치어 그 言덕이 자꾸 문어지어 嘉村에 가까와지되 돈이 없음으로 그를 防築할 힘이 없었다. 혼자 無人島에 들어가서 콩씨와 호박씨를 심어 두었더니 이것이 저절로 茂盛하여 추수할 때에 콩과 호박을 른뻐 세척이나 실

靑陽사는 李生이란 사람과 알음이 있더니 하로는 先生이 李生의 집에 와서 말하되 "내가 朝前에 서울서 떠나 왔는데 혹 요긔할 것이 있는가"물으니 "아침에 지은 밥은 다 農軍들을 먹이었고 새로 지은 밥 한말어치가 있으나 그리 좋지 못하다"하니 先生이 "아무것이고 가지어 오라"하여 그것을 다 먹고 어서머 "지금 保寧으로 가겠노라"한다. 李生도 함께 가기로 하고 나섰다가 到底히 그 뒤를 딸아갈 수가 없어 氣盡脈盡하여 뒤에 떨어지고 혼자 갔는데 當日 里數가 서울서 保寧까지 三百餘里가 넘었다.

말지 아니하였다.
할레三百里길은 예사로

다섯째, 매국적賣國賊을 신랄히 비판하였다. 그는 「사상史上의 임신壬申, 임신정치사(3)」(『동아일보』, 1932년 1월 5일)라는 글에서 당에 투항한 매국적으로 천남생을, 「현존 기인 육봉 우용택 선생」(『별건곤』, 1929년 8월)이라는 글에서 나라를 일본에 팔아 넘긴 을사오적인 내부대신 박제순을 비판하였다. 또한 친일파 최린과 박희도를 비판하기를 주저하지 않았다.

셋째로, 정치사 중심의 한국사를 서술하였다. 먼저 전근대시기 정치사의 중심인 전쟁사에 주목하여 귀주대첩과 임진왜란 때 일어난 행주대첩에 대해 서술하였다. 「삼월사상 삼대전첩-통쾌! 대통쾌! 권율도원수 행주대첩」(『별건곤』, 1929년 4월)이라는 글에서는 권율이 일본군을 행주산성 전투에서 크게 이긴 사실을 상세히 밝혔다. 이윤재는 이 승리에 대해 통쾌하고 대통쾌하다고 기술하였다. 이 글은 글의 서두 23행과 글의 끝 부분 3행이 삭제되고서 출간되었다. 일제가 수용하기 어려운 내용이 기술된 까닭이었다.

「인헌공 강감찬」(『동아일보』, 1931)이라는 글에서 그는 강감찬 서거 900주년에 즈음하여 강감찬이 귀주성에서 거란군을 크게 무찌른 사실을 드러내면서, "고려는 오로지 공의 힘으로써 중흥되었다. 이로써 조선민족의 자주독립의 실實을 얻은 것이다"라고 그의 업적을 칭송하였다. 「강감찬의 귀주대첩과 권율의 행주대첩」(『신동아』, 1932년 2월)이라는 글에서 그는 다시 고려와 조선시대의 두 이민족과의 승리를 소개하였다. 특히 권율이 행주에서 승리하자 바다에 이순신, 육지에 권율로 칭송되었다는 사실도 기술하였다.

다음으로 간지에 맞추어 우리 정치사를 기술하였다.

「사상의 신미辛未」(『동아일보』, 1931)라는 글에서 그는 신미년에 우리 역사에 일어난 일을 기술하였다. 즉 기원전 50년 박혁거세가 다스리던 시기에 왜가 신라를 침략하다가 혼이 나서 물러났다. 191년 고국천왕이 을파소를 국상으로 기용하여 국운이 융성하였다. 371년 소수림왕이 등극하였다. 장수왕이 98세의 나이로 승하하였다. 우륵이 가야금을 551년 신라에 전하였다. 강감찬이 1031년인 현종 22년에 사망하였다. 『삼국사기』의 저자 김부식이 1151년에 사망하였다. 삼별초가 제주도로 1271년에 이동하였다. 왜구를 섬멸한 고려의 정지 장군이 1391년에 사망하였다. 1691년 숙종시기에 노량진에 있던 육신사에 사액하였다. 홍경래가 1811년 가산 다복동에서 혁명의 의기를 들었다. 1871년 대원군의 서원철폐가 단행되고, 신미양요가 일어났다. 이 해에 대원군이 척화비를 세우게 하였다고 소개하였다.

이어서 이윤재는 신미년에 일어난 우리나라의 역사적 사건 가운데, 홍경래의 난과 신미양요에 대해 구체적으로 조명하였다. 「신미혁명과 신미양란」(『동광』, 1931년 1월)이라는 글에서 그는 홍경래의 난을 신미혁명으로 규정하였다. 이윤재는 사화와 당론으로 3백 년간 대참극을 연출한 조선왕조가 순조대 들어와 외척 김조순 일파가 권력을 농단한 결과 매관매직이 횡행하여 국정이 문란해져 백성이 도탄에 빠져들었기에, 홍경래가 조정의 간당을 제거하고 백성을 구제하려고 자유 평등주의를 내세워 절규하면서 혁명을 하고자 혁명군을 조직하여 거병해 관군과 싸웠기에 신미혁명으로 봐야 한다고 이 사건을 새롭게 해석하였다. 이윤재는 홍경래를 '우리 혁명대장'으로 기술하여 그를 높게 평가하였다.

신미양요는 임진왜란, 병자호란과 함께 조선 500년간 3대 외구外寇의 하나로 역사상 중대한 의의가 있다고 보았다. 이윤재는 미국 군대가 퇴거한 이후 조선의 외교정책이 쇄국주의로 일관한 것을 문제 삼았다. 흥선대원군이 국제 안목이 없어 쇄국주의를 국시로 삼았기에, 조선 민족이 세계의 낙오자로 전락하게 되었다고 평가하였다.

1932년은 임신년이었다. 그리하여 임신년에 일어난 우리나라 역사적 사건 가운데 정치적으로 중요한 것만 하나씩 골라 서술하였다. 「사상史上의 임신壬申, 임신정치사」(『동아일보』, 1932)에서 그는 삼국시대 을지문덕의 살수대첩, 남북국시대 발해 무왕의 등주 함락, 고려시대 정몽주의 순절, 조선시대 이성계의 혁명을 뽑아서 설명하였다.

살수대첩(612)에 대해 그는 고구려와 수나라의 전쟁에 대해 상세히 설명하면서, 고구려가 수나라 수륙군 300만 침략에 맞서 승리한 것으로, 세계대전사상 유례가 없다고 기술하였다.

이어서 이윤재는 고구려 멸망 이후 고구려인의 독립운동이 30년 동안 전개되다가 대조영에 의해 고구려 나라를 회복하여 발해를 세웠고, 2대 무왕시기인 732년에 당의 등주를 함락한 사실을 기술하였다.

고구려의 회복이 고려 왕조의 사명이었기에 고려는 거란(요), 여진(금), 몽골(원), 한족(명)과의 항쟁을 지속하였다. 따라서 고려 475년의 역사는 민족항쟁사라고 이윤재는 보았다. 그는 공민왕의 북벌과 우왕의 정명征明이 성공하지 못한 것을 천고의 한사恨事로 보았다. 고려왕조의 마지막 버팀목이었던 정몽주마저 죽이고 이성계가 조선을 건국한 혁명에 대해 이윤재는 다음과 같은 흥미로운 견해를 제시하였다.

> 우리가 정치적 견지에서 보면 이씨혁명의 성공이 민족적으로 실패다. 만일 당시 공요군攻遼軍으로 하여금 한 번 압록강을 건넜던들 큰 힘이 들지 않고 대번에 요동 심양을 빼앗아 우리 한배의 구강舊疆을 회수하고 다시 정예한 장창철기長槍鐵騎로 장구직진長驅直進하여 산해관을 넘어서 중원대륙을 짓밟아 주원장으로 하여금 머리를 숙이게 하기는 용이하였을 것이어늘 그 유약비겁한 핑계로 돌아서서 자가自家의 터전을 정하기에 열이 났었다.
>
> 아아 애석하도다. 이성계의 위화도회군으로써 고려의 북진운동은 마지막 손을 뗀 것이다. 천수대왕 이래의 대고구려주의가 이에서 아주 멸절되고 말았으니 이것이 한갓 왕씨고려 일세의 죄가 아니라 조선민족 이래 만세의 대죄인져!
>
> ―「사상史上의 임신壬申」, 『동아일보』, 1932년 1월 10일

이윤재는 이성계일파의 위화도 회군으로 고려 태조 왕건 이래의 대고구려주의가 멸절되는 결과를 초래하였고, 이것은 우리민족사에 대죄에 해당한다고 혹독한 평가를 하였다. 당시 대고구려주의 주장은 민족주의 사가인 신채호와 문일평도 펴고 있었다. 이윤재의 사학도 이 범주에 들어간다고 볼 수 있다.

1934년에 이윤재는 「갑술과 조선―삼대사실과 삼대인물」(『동아일보』)

이라는 글에서 갑술년에 일어난 3대 사실로 한양천도, 장희빈 폐출, 민비천하를, 갑술년에 출생한 3대 인물로 광개토왕, 영조, 순종에 대해 기술하였다.

이윤재는 광개토왕, 영조, 순종이 정치·문화적 측면에서 특별한 점이 있다고 보았다. 광대토왕의 업적은 만주 집안현에 있는 왕의 비석에 쓰인 내용을 중심으로 기술하였으며, 64개 성 1,400여 촌을 공략하여 대제국을 세웠다고 평가하였다. 다음으로 탕평의 주장과 학문의 장려와 세제의 개정과 같은 업적을 영조가 남겼다고 기술하였다. 특히 이윤재는 영·정조대에 조선 연구의 신학문이 등장하였는데 이익, 안정복, 신경준 등이 관여한 실증학이 그것이며, 이 시대는 문예부흥시대로 우리 역사상 특필할 만한 일이라고 그 의미를 높게 평가하였다. 마지막으로 순종에 대해서는 조선 최후의 군주로, 통감의 지도를 받아 정치 실권이 없었다고 보았다.

다음으로 3대 사실로 한양천도, 장희빈 폐출, 민비천하를 들었다. 위화도 회군 이후 조선을 세운 이성계가 국가를 새롭게 하고자 한양으로 천도를 단행하였는데, 그 해가 1394년이었다. 그리고 숙종조 서인과 남인 간의 당쟁이 장희빈의 몰락과 함께 남인이 축출된 해가 1694년으로 둘 다 갑술년에 일어난 사건이다.

이윤재는 한말의 정쟁은 대원군의 하야와 민비의 집권이 이루어진 1874년에 시작되었는데, 1874년에서 1895년까지 22년의 역사는 대원군과 명성후의 정쟁사라고 기술하였다. 그런데 그는 대원군과 민비의 투쟁은 대내적 행동에서 그치지 않고, 대외적 관계까지 끌어들여 조선을 국제무대에서 아주 추락하게 한 것으로 보았다.

궁극적으로 이윤재는 조선왕조의 멸망 책임은 흥선대원군에게 있다고 보았으며, 그의 천주교 교도 탄압과 척양척사주의斥洋斥邪主義에 입각한 쇄국정책이 멸망을 초래하였다고 평가하였다. 그는 흥선대원군이 병인박해(1866)를 일으켜 20만 명의 천주교 신도를 학살하였고, 병인양요와 신미양요 이후 그가 서양 세력을 배척해야 한다고 척화비를 건립하는 등 배외주의로 일관하였다고 기술하였다. 이윤재는 다음과 같이 당시 위정자 흥선대원군을 비판하였다.

대원군이 그때 한 번 세계대세를 살피어 프랑스 선교사를 향도로 하여 구미의 문물을 수입하야 크게 한 번 개혁이 있었던들 우리의 정치와 문화가 누구보다도 앞섰을 것이어늘 다만 쇄국정책에 집미하야 무수한 생명을 살해하고 국제상 감정을 상하고 국민으로 신문화에 접촉치 못하게 하야 오늘날 조선인의 지위를 이렇게 떨어뜨리게 하였으니, 통분함을 이기지 못하겠도다.

아울러 이윤재는 병자수호조약(강화도 조약, 1876)과 관련된 글을 게재하여 병자수호조약은 조선이 근세에 맺은 최초의 국제 조약이고, 이후 조선이 국제무대에 서게 되었다고 그 의미를 설명하였다. 그리고 병자수호조약의 원문을 게재하여 역사 연구자에게 참고하게 하였다.

이상과 같이 이윤재는 주로 간지에 맞추어 우리나라의 역사적 사건과 인물들에 대해 기술하였는데, 주로 정치사와 관련된 내용이었다. 광개토왕의 업적, 을지문덕의 살수대첩, 발해 무왕의 등주 함락, 이성계의 위화도 회군, 장희빈의 폐출, 영조의 업적, 순조대 홍경래의 난, 대원군 시기의 신미양요, 민비 정권, 순종에 대해 서술하였다. 이로써 우리는 그의 사관이 영웅주의 사관, 지배층 중심의 사관에서 벗어나지 못하였음을 간파할 수 있다. 일제시기에 그는 독립운동에 나설 영웅의 출현, 혁명가의 출현을 기대하고 있었던 것이다.

넷째로, 역사유적과 국토를 기술하였다. 그는 역사유적인 남한산성, 한양의 도성, 행주산성, 경복궁, 덕수궁, 을지문덕묘, 가야의 왕릉 등에 대해 서술하였다.

특히 「가을의 덕수궁」에서 그는 고종이 1897년 경운궁으로 돌아와 국정을 보다가 1907년 일제에 의해 퇴위된 후 그 뒤 궁궐 이름이 덕수궁으로 바뀌었으며, 1919년까지 이 궁궐에서 지내시다가 승하하였다고 서술하였다. 그는 이 대궐은 주인을 잃은 궁궐이어서 눈물겨운 추억과 감개가 그지없다고 기술하여 식민지 현실을 드러내었다.

「행주치마의 유래」라는 글에서 그는 권율 장군, 행주치마, 행주대첩에 대해 설명하였다. 임진왜란 때 행주산성 전투에서 조선군의 화살이 떨어지자 부녀자들이 앞치마에 돌멩이를 담아 가져와 돌멩이를 던져 일본군과 싸워서 승리하였다. 이때 행주의 부녀자들이 사용한 치마를 행주치마라고 하는데, 지금의 앞치마를 가리킨다고 기술하였다. 결국 행주치마의 유래를 설명하면서, 권율 장군이 지휘하여 일본군을 몰아낸 행주대첩을 부각하려고 글을 쓴 것이었다.

다음으로 우리 역사와 관련이 깊은 장소에 대한 글을 발표하였다.

「역사상으로 본 평양」(『신가정』, 1933년 3월)에서 그는 평양이 단군조선의 도읍지, 고구려의 도읍지, 고려 태조가 서경으로 중시한 장소, 묘청이 일으킨 반란지, 제너럴 셔먼호 사건이 일어난 장소로 설명하였다. 그리고 「역사적으로 본 경주」(『신가정』, 1933년 4월)에서 경주가 신라의 수도, 문무왕 이후 정치의 중심지였고, 고려 때 동경으로 불리다가 조선 태종 때 경주로 고쳐 오늘에 이른다고 설명하였다. 그리고 「역사로 본 대구」(『신가정』, 1933년 6월)에서는 대구가 대한제국시기에 국채보상운동이 일어난 곳이라는 점을 부각하였다. 그리고 이 운동을 대구 사람 서상돈, 김광제 등이 전개한 애국운동으로 기술하였다. 또 임진왜란 때 가토 기요마사加藤淸正의 부하 장수인 사야가沙也可가 조선에 투항하여 조선을 위해 공을 세우자, 조정으로부터 김충선이라는 성명을 하사받고 대구에 살면서 조선을 위해 몸을 바쳤다는 사실도 기술하였다. 「고도고적-대가락국고도 김해」(『신동아』, 1933년 8월)에서는 금관가야의 시조 김수로왕과 관련된 유적이 많은 김해를 소개하였다. 그리고 「관동 벽지 양구 기행」(『신생』, 1930년 2월)에서 그는 강원도 철원을 지나며 마진국을 세운 궁예를 회상하였다.

다른 한편으로 그는 보통학교 학생들을 위해 우리나라의 산과 강에 대한 글을 발표하였다. 「조선지리독본 1. 화려강산」(『아희생활』, 1934년 1월)에서 조선의 강산은 어느 것 하나 버릴 것 없이 억만금으로도 바꾸지 아니할 가치가 있다고 서술하였다. 「조선지리독본 조선의 산과 강 (2)」(『아희생활』, 1934년 9월)에서는 압록강, 청천강, 대동강, 예성강, 임진강에 대해 설명하였다. 압록강과 관련지어 위화도 회군을, 청천강엔 살수대첩을, 대동강엔 조선 역사의 발원지이고 고구려의 도읍지인 평양을, 예성강엔 고려의 도읍지인 송도를 관련지어 서술하였다. 아울러 그는 「지리산의 추상追想」이라는 글을 통해 이성계가 왜구를 무찌른 운봉과 임진왜란 때 전라좌수영에서 이순신이 지휘하였던 여수가 보이는 지리산을 설명하였다. 「백두성산사화」라는 글에서는 조선반도 삼천리를 포옹하고 있고 환족桓族 2천만을 수호하여 주는 성악聖岳이며 영산靈山이 백두산이라고 강조하였다.

이처럼 이윤재는 역사유적과 국토의 소중함을 강조하여 민족의식을 고취하였다.

독립을 쟁취하자는 역사인식을 보유하다

역사의 주체를 민족으로 보고, 민족의 자유와 독립을 위해 역사를 연구한 학자를 민족주의 역사가로 볼 수 있다. 이 범주에 이윤재도 들어간다.

이윤재는 자신의 역사 연구를 통해 민족주의 역사관을 드러내었다. 이를 정리하면 다음과 같다.

첫째로, 자주정신을 내세웠다.

1927년 신민사가 발행한 잡지 『신민』은 '우리는 어떻게 살까?'라는 질문을 하였는데, 이윤재는 이에 대해 '자아自我를 찾자'로 답변을 하였다. 이 질문에 안재홍은 '당면한 문제로부터'로, 최남선은 '조선으로 돌아가자'로 답하였다. 그렇다면 이윤재에게 '자아'는 무엇이었는지에 대해 살펴보자. 그는 1928년 잡지 『한빛』(창간호)을 편집하고 발행하면서

「여쭙는 말」에서 "우리가 다른 온갖 것을 다 알고도 오히려 부족하다는 조선역사, 조선지리, 조선어문, 조선교학, 조선예술 등 순수히 조선의 것만을 소개하는 것이 한빛이 다른 잡지보다 특수하다"는 것을 독자들이 알아주기를 바라고 있다.

이 잡지는 1927년 12월에 창간호를 내려고 했으나, 일제에 의해 압수되어 허락되지 않았다. 그리하여 다시 고쳐 편집하여 1928년 1월에 창간되기에 이르렀다. 이후에도 여러 번 일제 검열에 걸려 글이 삭제되었다. 예를 들면 신채호의 글인「조선의 조선사를 찾자면 조선사의 조선부터」도 전문이 삭제되었다.

한편 이윤재가 쓴 것으로 추정되는 글인「조선을 앎시다」(『한빛』창간호, 1928년 1월)에서는 과거의 조선을 알자는 것은 새 조선을 만들자는 준비로 필요하다고 역설하였다. 그는 조선아朝鮮我에 대한 자각自覺과 자지自知는 조선인의 제일 의무다. 우리는 지성으로 조선학의 건설에 참여하자고 호소하였다. 이처럼 그에게 자아를 찾자는 주장은 먼저 '조선을 알자'에서 출발하고 있었다.

조선을 알기 위해서는 조선에 관한 지식이 필요하다. 1929년 그는 「조선적 지식을 주는 교육이 필요함」이라는 글에서 "알프쓰산의 영기靈希함을 보는 때에 백두산의 그것도 생각하며, 컬럼웰의 개혁을 아는 때에 연개소문의 그것도 생각하며, 정주의 성리학을 아는 때에 이황의 그것도 생각하며, 넬손의 위훈을 아는 때에 이순신의 그것도 생각하여 사사물물事事物物 어떤 것에던지 자기네에게도 이만한 것이 있음을 먼저 깨달아야 할 것이다. 그리하여 과학이나 종교나 산업이나 예술이나 어떤

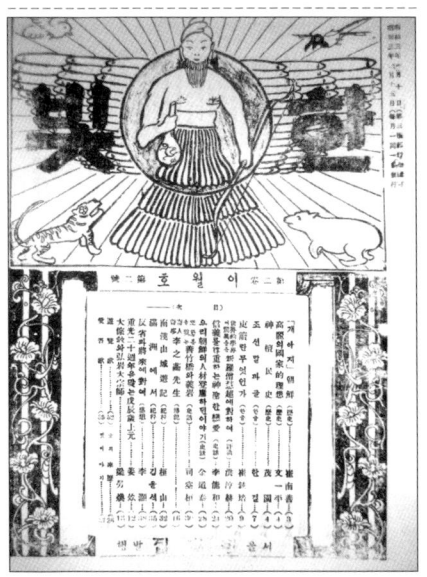

이윤재가 편집하고 발행한 잡지 『한빛』(1928)

것이던지 다 조선의 지식을 기조로 하여 신문화의 건설에 노력하여야 할 것이다"라고 주장하였다. 이와 같이 그는 조선사회의 모든 분야와 신문화 건설이 조선의 지식을 토대로 해야 할 것을 역설하였다.

조선의 지식을 깔보고 무시하는 자들에 대해 1932년 이윤재는 「조선을 알자는 사회의 부르짖음을 듣고」라는 글에서 "부유배腐儒輩들의 중국숭배(중국 역사책, 문학책 등)와 요즘 사람들의 서양숭배는 자아몰각"이라고 혹독히 비판하였다. 그는 중학생들이 조선의 실정을 보여주는 자료와 조선역사와 조선어문에 대한 관심이 증가함은 바람직하다고 주장하였다. 이처럼 '조선을 알자'는 조선학생과 민중의 주장에 그는 지지를 보냈다. 그의 의도는 민족구성원이 조선의 실체를 앎으로써 조선을 위해 살자는 주장이었다. 그의 '조선을 위하여'라는 주장은 일제에 의해 삭제되기도 하였다. 즉 그의 「우리 주장-조선을 위하여, 조선인의 조선, 자존자활」(『동광』, 1927년 3월)이라는 글은 일제에 의해 전부 삭제되었다.

이윤재는 과거 조선의 역사와 언어에 대한 연구를 통해 조선 민족의 혼, 자가정신自家精神, 자주정신을 강조하였다.

그는 1933년 「세계여왕순례기-동양의 여왕들」이라는 글에서 "여왕(진덕여왕-필자 주)은 재위 8년 동안에 알뜰이도 당나라의 것을 옮기어오므로 국민의 사상은 자연 모당주의慕唐主義가 농후하여지고 자국의 혼魂은 소멸하여 버리게 되었다"고 하여, 오늘날 조선 사람에게서 배외사상拜外思想이 많게 된 것은 진덕여왕의 정치에서 뿌리내렸다고 평가하였다. 이 글에서 그는 진덕여왕이 당의 관제와 복색을 채택하였고, 당에 신라의 자제를 파견하여 숙위케 하였으며, 당의 연호를 사용하고, 태평송을 헌납한 사실 등을 지적하였다.

이윤재는 고려의 역사를 평가하면서 자가정신自家精神의 위축으로 고려가 북방민족의 위압에서 벗어나지 못하였다고 하였다. 그는 「조선역사개설」이라는 글에서 "고려는 (중략) 한문학으로 말미암아 지나사상에 침염되어 자가정신이 위축하여"졌다고 보았다.

아울러 그는 역사에서 자주정신自主精神을 강조하였다. 그는 「조선 역사 강화(4)」(『한글』, 1935년 8월)라는 글에서 연개소문이 "완전한 자주정신에 의지한 통일국가를 세울 양으로 절대한 군국정치의 아래에 국력을 기르며" 당태종과 맞섰다고 서술하였다.

이와 같이 이윤재는 민족의 얼을 강조하는 정신사관에 입각하여 우리 역사를 평가하였다. 그러면서 그는 1935년 「우리의 병근진단-팔자병」이라는 글에서 식민지 조선의 현실이라는 역경逆境도 민족정신을 진작하여 부단한 노력과 분투로 순경順境을 만들어 조선의 독립을 달성하자고 다음과 같이 주장하였다.

희망과 용기가 없는 인간은 산송장으로 볼 수 있다. 사람이란 개인으로서의 의무를 지키는 동시에 사회의 한 분자로서의 의무를 마땅히 지켜야 하는 것이다.

한민족의 광채있는 발양이 곧 그 국민의 건전한 개성에 달렸음에야 어찌하리요. 조선 사람은 역경에 처해 있을수록 더욱 정신을 진작하여야 할 것이다. 역경을 순경으로 이끌려는 부단한 노력의 앞에는 반드시 광명이 있는 것이다. 우리는 새해를 맞이하여 부질없는 '팔자타령'을 버리고 이 사회를 위하여 '숨'이 끊어질 때까지 일하기로 결심하자!

이처럼 그는 민족 구성원 각자가 자신의 역량 속에서 숨이 붙어 있는 때까지 민족과 사회를 위해 일하자고 호소하였다. 그러면서 그는 팔자소관이라는 숙명적 운명관은 조선 민족의 발랄한 기운을 저해한다. 정치적 팔자병, 가정적 팔자병, 사회적 팔자병을 버리자. 조선 사회를 원망하거나 식민지 사회의 '종'노릇을 하거나 자살을 하는 무리가 있다. 민족적으로 통탄할 일이다고 비판하면서 민족의 분발을 촉구하였다. 그는 민족 허무주의자 내지 패배주의자를 비판하였던 것이다.

둘째로, 민족문화를 계승하자고 하였다. 그는 한글날과 개천절을 민족의 기념일로 경축하고, 민족 명절인 추석을 기리자고 역설하였다.

조선어연구회와 신민사가 주최하여 1926년 음력 9월 29일을 가갸날로 명명하여 기념하기 시작하였다. 1926년 음력 9월 29일은 세종대왕이 조선의 국자인 훈민정음을 반포한지 480주년이 되기에, 기념일로 정하였다. 이 기념행사에 이윤재도 권덕규·이종린·권상로·지석영 등과 참여하였다.

이윤재는 「우리 주장-영세불망비」(『동광』 제8호, 1926년 12월)라는 글에서 이 기념일을 잊지 말자. 오늘까지의 비관을 내일부터는 낙관으로 바꾸자고 호소하였다. 그 뒤 가갸날은 1928년부터 한글날로 개명되었다. 1930년에도 이윤재는 「사백팔십사회의 한글긔념일을 맞으며」(『학생』, 1930년 11월)라는 글에서 세종이 1443년 28자를 짓고, 1446년에 반포하여 백성들이 사용하도록 조치하였다고 하면서, 한글날을 글의 명절로 기념하자고 주장하였다. 1936년까지 이 한글날 행사는 계속되었으나, 일제의 탄압 때문에 1937년부터는 행사를 치를 수 없었다.

다음으로 우리 민족 전체가 개천절을 기념하자고 주장하였다. 이윤재는 「주장-불망기본-개천절을 당하여, 심은후덕」(『동광』 제7호, 1926년 11월)이라는 글에서 매년 음력 10월 3일을 맞아 조선을 세운 단군의 업적을 잊지 말자. 단군의 홍익인간과 재세이화의 가르침을 잊지 말자고 주장하였다. 또 그는 「개천일의 추감」(『동광』 제7호, 1926년 11월)이라는 글에서 후손들에게 천제의 자손임을 알라고 말한 단군의 연설을 잊지 말자. 개천절이 러시아 혁명일과 겹치는데, 두 기념일이 모두 새 삶을 얻자는 의미가 있다고 역설하였다.

1927년 10월 26일 개천절 기념 강연회가 대종교 남도본사 주최로 개최되었는데, 이윤재는 「검 『광신光神』의 화化」라는 연제를 가지고 강연하였다. 이 날 문일평도 「천조天祖의 강세降世」로 강연하였다.

1930년에도 이윤재는 개천절을 맞이하여 「개천절 단군강탄 사삼팔육회의 기념」이라는 글을 동아일보에 기고하여 개천절은 전민족적 신앙중심 사상으로 굳어져 전국 국민이 천신天神에 제사 행사를 거행하는 기념일이고, 조선 민족만이 가진 오직 하나의 큰 명절이라고 평가하였다. 이윤재의 이 글에 대해 1930년 12월 2일자로 발간될 동아일보 신문 '응접실' 지면에 어느 독자가 '우리가 아는 단군기원은 금년이 4,263년(무진년)인데, 이번 개천절에 대한 이윤재 선생의 글에 보이는 4,386회는 어떤 뜻입니까?'라는 질문을 하였고, 이에 대해 동아일보의 기자는 '귀하가 말한 4263년은 단군이 등극한 무진년에 해당하는 연수이고, 4386년은 단군이 탄생한 갑자년에 해당하는 연수를 말합니다'라고 답하였다. 여기서 기자의 답변은 사실 이윤재가 답변한 내용이었다.

이 문구를 발견한 일제 경찰은 이러한 내용이 조선 민족에게 민족의식을 고취한다고 여겨 이를 삭제하도록 탄압하였다. 이에 관한 내용은 '단군기원檀君紀元에 대한 소개'에 나온다. 일제의 이 같은 탄압 때문에 1930년 12월 2일자 4면의 동아일보 '응접실' 지면에는 위의 독자와 기자 간의 질의응답 내용은 삭제되었다.

1931년에도 개천절 행사에 대해 그는 「개천절」이라는 글에서 혈통적으로 동일한 조상을 봉대함이며, 신앙적으로 전 민족이 경천함이다. 종족적으로 협동화합의 정신을 고취하며 민족적 보본반시報本反始의 사상을 진작하여 전 민중으로 하여금 새로운 각성을 갖게 하는 기회를 주는 것이다. 이는 민족정신의 함양상 대운동으로 사회적 기능의 지주가 된 것이라고 주장하였다. 이로써 우리는 이윤재가 우리나라를 최초로 건국한 조상인 단군을 기리는 기념일인 개천절을 조선 민족이 경축하여, 성찰과 자각이 있기를 염원하였다는 것을 확인할 수 있다.

이윤재는 1932년에 「시월상달」이라는 글에서도 우리 민족이 가장 거룩하고 높이 여기는 달인 시월은 천주天主이자 성조聖祖인 단군왕검의 개천절이 있는 달이라고 하면서, 조상을 추모하는 정성을 가지자고 역설하였다. 개천절 행사를 통해 그는 조선아朝鮮我의 정신과 우리 민족의 신앙사상을 보존하자고 주장하였다.

　이윤재는 1936년 「대종교와 조선인」이라는 글에서 대종교를 단군임금이 만든 종교라 정의하고, 단군의 직계 자손인 조선인은 여기에 귀의하여야 한다고 주장하였다. 상고上古시대에는 대종교로 인해 국체가 정립되고 문명이 찬란하여 조선아의 훌륭한 사상 기조가 확립되었는데, 중세中世에 이르러 외래사상을 숭배하는 사대주의에 물들어 자기몰각의 사상을 가지게 되어 대종교의 종문倧門이 끊어지고 성조聖祖의 유적이 인멸되기에 이르렀다고 하였다. 그러다 1909년 대종교의 종문이 재개하여 중광重光을 얻으며, 나철과 김교헌의 순교를 기려야 한다고 역설하였다. 1930년대에 들어 진실한 기독교인이었던 이윤재가 대종교를 강조한 의도는 민족의 단합을 도모하는 차원에서 주장하였다고 여겨진다.

　한편 그는 추석도 우리 조선 사람의 명절이니, 잘 지켜나가자고 「가온날의 이야기」라는 글에서 주장하였다. 팔월 보름을 가온날(추석) 또는 중추절이라 부르는데, 이 명칭은 신라시대의 가배일에서 기원한다고 설명하였다.

　셋째로, 식민지 현실을 타파하자고 주장하였다. 이윤재는 식민지 조선의 현실을 분석·비판하였고, 현실 타파의 대안을 제시하였다.

우선 식민지 조선의 현실을 분석·비판하였다. 1932년 그는 한산이라는 필명으로 「스켓치 밥! 밥! 밥!」이라는 글에서 빈곤한 식민지 수도 서울의 현실을 고발하였다. 전기세를 내지 못했다고 전등알을 빼고 차압 종이를 붙이고 가는 전기세 수금원에게 모욕을 당하고 사는 서울의 어떤 가난한 집안에서 일어난 일을 서술한 것으로 월사금을 내지 못하였다고 교실에서 쫓겨나 운동장에서 벌을 받다가 들어온 아들, 아침과 점심을 굶은 할머니, 집안에 남은 재산이라고는 솥 하나 밖에 없는데 솥이라도 저당 잡혀오라고 소리치는 어머니 등을 이윤재는 사실적으로 묘사하여 식민지 빈민의 삶을 기술하였다.

이윤재는 조선인 거주자가 많은 서울의 북촌은 방치하고, 일본인 거주자가 많은 서울의 남촌만 발전시킨 일제를 비판하였다. 1936년 잡지 『신동아』에서 경성시가지로 다닐 때에 눈에 거슬리고 불쾌를 주는 것이 무엇인가라는 잡지사의 「설문」에, 이윤재는 "북촌이 남촌에 비하여 기십년 차이가 있는 듯한 것을 볼 때, 개딱지 같은 집들이 아직도 시가 복판에 있는 것을 볼 때, 상점의 간판이 우리글로 된 것이 별로 없는 것, 순수한 우리말로 된 '설렁탕'까지 '雪濃湯'이라고 쓰는 따위"라고 식민지 현실을 호되게 비판하였다.

그는 일제의 토지 수탈도 비판하였다. 일제의 길회선吉會線 최종지가 나진으로 1932년 8월 25일 결정되자 나진의 땅값이 수만 배로 폭등하였는데, 일제의 재벌이 나진의 중요한 땅을 독차지하였다는 사실을 「나진만의 황금비」라는 글에서 폭로하였다.

이윤재는 식민지 조선의 교육현실도 비판하였다. 1934년 「문답 조선

역사」라는 글에서 그는 보통학교와 중학교에서 조선 역사를 가르치지 않음을 폭로하였다. 아울러 조선의 경우 교육기관의 부족으로 입학난이 발생하고 있었고, 무산아동의 경우 문맹자가 되고 있었다. 1931년 그는 「우리처지로 보아」라는 글에서 조선인의 처지에서 문자를 보급하여 문맹을 타파하는 것이 가장 급선무라고 주장하였다. 이처럼 이윤재는 일제의 조선 민족 침탈을 비판하였다.

이러한 식민지 조선의 현실 분석을 토대로, 그는 식민지 현실 타파의 대안으로 과거 역사의 재조명과 우리 민족의 단결을 공고히 하자고 주장하였다. 그는 전근대의 우리 역사 속에서 반외세 자주인물과 반일 인물을 집중 연구하여, 역사학이 자기 시대의 과제인 독립운동과 무관하지 않음을 보여 주고자 하였다.

- **연개소문** - 불꽃같은 자주의 정신으로 친당파를 일망타진하고 당으로 기움을 못하게 함(「조선민족의 은인과 의범」).
- **김유신** - 통삼統三 후 반도 내에서의 당의 세력을 구축하고 신라로 완전한 독립의 실實을 거擧케함(「조선민족의 은인과 의범」).
  - 당이 여제麗濟의 옛땅에 도독을 두어 영주永住의 계計를 채리러하매 신라는 자꾸 당과 싸우어서 필경 반도 내의 당인의 세력을 아주 구축하고 민족적 통일을 완전히 이루었다(「조선역사개설」).
- **고구려인의 독립운동** - 검모잠을 수령으로 하는 독립운동같은 것이 한참 동안 계속하여(「조선역사 강화」(6))
  - 고구려가 망한 뒤에 열렬한 광복운동이 끊임이 없었으며 삼십년 후

에 고구려의 구민舊民으로 건설된 대진국이 출현하니 이를 발해라 일컬으며(「조선역사개설」)

- **대조영**-진방震邦의 독립을 회복하려고 삼십년간 운동한 끝에 대제국을 건설(「조선민족의 은인과 의법」)
  - 고구려의 땅은 당나라가 빼앗아갔던 것을 고구려의 독립군 대장 대조영이라는 이가 일어나 삼십년 동안이나 고전악투한 끝에 고국을 회복하여 발해란 나라를 세워 이백여 년의 빛난 역사를 누리다가 (「문답 조선역사」)
  - 글글중상이 백두산 밑에서 일어나, 조국 고구려를 회복하려고 독립군을 일으켜 가진 애를 쓰다가 병으로 죽고, 그 아들 대조영이 아비의 뜻을 이어 고전악투하여 당나라의 세력을 다 몰아내고 발해나라를 세우니(「하기학생계몽운동 한글 교재 해설」)
  - 처음에 고구려의 장수로, 조국이 멸망하매 그 아비 글글중상과 함께 영주로 달아나 그란에 붙이어 독립운동을 하다가, 뒤에 백두산 아래로 옮기어 독립군을 거느리고 당나라 군사를 쳐서 내어쫓고, 발해국을 건설하였다. 발해국 시조로 시호는 고왕高王이라 한다(「조선역사 강화」(6)).
- **발해 무왕**-고구려인의 독립운동이 줄곧 끝임이 없다가 그로써 30년 후에 영웅 대조영(고왕)이란 이의 손으로 다시 고구려 나라를 회복하였으니 이가 곧 발해다. (중략) 제2세 무왕이 당의 등주부를 쳐서 함락하고(「사상史上의 임신壬申-임신정치사」(3회))
- **강감찬**-고려가 강감찬의 힘으로써 중흥되었다고 하며, 이로써 조선민

족이 자주독립의 실實을 얻었다(「인헌공 강감찬」).

이상의 자료는 중국 민족과 싸운 연개소문, 김유신, 검모잠, 걸걸중상, 대조영, 발해 무왕, 강감찬처럼 일제강점기 우리 민족도 독립투쟁에 나서서 일제를 타도하자는 주장을 내포한 내용이었다.

이윤재는 우리 민족의 목표는 독립 쟁취에 있는데, 이것이 조선 민족의 대계획이라고 규정하였다. 이를 위해 전 민족이 일제의 압제에서 벗어나 독립을 달성하기 위해 일치단결하자고 다음과 같이 호소하였다.

우리는 꼭 바라고 나아갈 희망 한 가지가 있다. 그를 여기에서 기다랗게 말하지 않더라도 우리는 모를 리 없다. 이 희망만은 어느 때까지든지 꼭 이루고야 말리라는 것까지도 잘 안다. 우리는 이 희망을 이루면 잘 살고, 이루지 못하면 잘 살지 못할 것까지도 안다. (중략) 자, 오늘부터는 우리가 전민족적으로 대방침을 세우고 대계획을 정하자. 그리하여 너니 나니 가리지 말고 오직 한 깃발 아래 모여서 저기 보이는 한 목표를 향하여 서로 손목 잡고 나아가자. 이것이 이 신년에 정할 조선 민족의 만년지계라 부르짓는다.
― 「희망의 신년」, 『동광』 제9호, 1927년 1월

이러한 입장을 가지고 그는 과거의 우리나라 역사에서 교훈을 얻어 식민지 조선의 현실을 극복하자고 주장하였다. 우리의 역사를 알고 우리말글을 사용하여 민족이 단결을 공고히 하여 독립을 쟁취하자는 것이

그의 역사인식의 요체였다.

　그러나 그의 역사인식은 어떻게 우리 민족을 단결시킬 것인가에 대해 구체적인 대안을 제시하지 못한 한계를 가지고 있었다.

일제에서 벗어날 열쇠를 쥐어 주다 04

일제시기 내내 이윤재는 독립운동에 나섰다. 일제도 재판 판결문에서 그를 "일찍부터 한일합병에 불만을 품고서 끝까지 조선의 독립을 희망하기에 이른 자"라고 정확히 기술하였다.

이윤재는 독립운동의 연장선에서 국어학과 역사학을 연구하고 이를 민간사회에 열렬히 보급하는 활동을 하였다. 전국의 여러 중등학교와 연희전문학교에서 강의를 맡았으며, 조선어교과 시간에 조선사 교육도 병행하여 학생들에게 민족의식을 고취시켰다.

그의 글은 일제의 탄압으로 삭제되는 경우가 많았고, 책은 발매 금지되었다. 그의 저서가 일제에 대한 강렬한 저항이 담긴 내용이 많았기에 탄압을 받았던 것이다. 그럼에도 불구하고 그는 지칠 줄 모르고 신문과 잡지에 수많은 우리말글 연구와 사론을 남기는 활동을 지속하였다. 동시에 3·1운동에 참여하고 흥사단과 수양동우회 활동을 지속하였으며, 우리말글을 연구하고 조선말큰사전을 편찬하고자 조선어연구회와 조선어학회에 핵심인물로 활동하였다.

이로 인해 그는 일제의 감시망에 걸려 갑종요시찰인으로 살면서 일제의 혹독한 탄압을 받았고, 끝내 순국하였다. 비타협 민족주의자의 전형이었던 그는 실천적 교육자요 민족주의 역사학자였다.

우리 민족의 역사와 말글을 바로 알아 독립을 쟁취하자는 것이 이윤재의 일관된 주장이었다. 그는 우리나라의 역사와 우리말글을 비하하는 자들을 가차 없이 비판하였다. 또한 중국과 일본에 굴종하는 조선인이 아니라 독립국가 국민으로서의 조선인이라는 자각을 갖게 하자는 것이 이윤재의 평생에 걸친 일관된 신념이었다.

일제시기 이윤재는 우리말과 한글 수호 운동이 민족독립운동임을 다음과 같이 분명히 밝혔다. 그는 '민족의 말과 글을 아끼고 사랑하는 것은 나라를 사랑하는 길이 되고, 또 민족 운동이 되는 것이다'라고 주장하였다. 그의 민족주의 언어관을 잘 드러낸 입장이라고 하겠다. 이처럼 그의 한글운동은 민족혁명의 토대를 닦고자 함에 있었다. 이것이 그의 국어학과 국어운동이 남긴 역사적 의미이다.

이윤재는 조선사 전체를 다루는 통사의 저술을 계획하였으나, 미완성에 그쳤다. 그러나 조선 역사 전체를 다루지 못한 대신에 그는 조선사를 배울 수 없는 사회현실과 일제의 민족말살정책에 항의하는 차원에서 수많은 사론을 썼다.

그는 사론을 통해 구세대의 중국숭배와 신세대의 서양숭배를 비판하면서 자주정신을 내세웠다. 조선아朝鮮我, 즉 우리의 역사, 말글, 지리, 발명 등 조선문화사에 대한 자긍심을 바탕으로 식민지 조선의 현실을 극복하자고 역설하였다. 이것이 그의 역사인식의 요체이다. 특히 우리

역사에서 대중국 자주인물 을지문덕, 연개소문, 김유신, 걸걸중상, 대조영, 강감찬 등과 반일 인물 안용복, 이순신, 조헌, 권율, 민영환 등에 주목한 점은 그의 역사 연구가 일본 제국주의에 대한 독립투쟁의 일환이었음을 확인시켜 준다.

이윤재의 업적에 대한 지금까지의 평가를 소개하면 다음과 같다.

먼저 조선어학회를 이끌어간 이극로는 그를 높게 평가하였다

일생을 통하여 조선말과 조선글을 연구 보급하기에 일생을 마치신 분이다. 서울 시내만 하더라도 칠팔학교의 교직에 계시는 한편 신문사 각 출판사와도 간접으로 인연을 맺고 우리글의 통일과 보급을 위하여 갖은 애를 쓰시었다. 만일 조선어학자 가운데 문자의 통일과 보급을 위한 실제 운동에 있어서는 이윤재 선생이 으뜸이요 이 선생의 공로는 후세에 길이길이 빛날 것이다. 이 선생은 조선어학회의 초창기부터의 중진으로 계시다가 1942년 조선어학회사건에 관련하여 함경남도 홍원경찰서에 검거되어 그 이듬해 12월 8일 함흥형무소에서 경찰관의 갖은 고문을 견디다 못하여 옥중에서 한 많은 세상을 떠나시었으니 실로 그의 공은 크다.

— 이극로, 「이미 세상을 떠난 조선어학자들」,
『경향신문』, 1946년 10월 9일

이극로는 그를 한글 맞춤법 통일안의 제정과 한글강습회 활동을 통한 우리말글 보급에 으뜸이라고 평가하였는데, 필자의 연구에 따르면 전혀 과장이 아니었다.

최현배는 "그는 맞춤법의 연구와 함께 그 실행 보급에 누구보다도 가장 많이 애썼다. 그의 숨은 공적은 이름 없는 탑塔을 이루었다"고 그의 업적을 기리었다. 최현배는 뒷날 다시 그에 대해 평가하기를 "우리 한글 운동의 최대 공로자요, 순국자인 환산 이윤재 선생"이라고 하였다(최현배, 『외솔 최현배 박사 고희 기념 논문집』, 정음사, 1968).

그와 함께 조선어사전 편찬 전임위원으로 활동하였던 이중화는 그를 이렇게 회고하였다.

나라를 사랑하고 동포를 사랑하기를 자기 한 몸 자기 한 집안보다 더하던 이로서, 이 아름다운 우리의 말이, 좋은 우리의 글이 아주 멸망의 고비에 닥쳤을 무렵에 이를 슬퍼하고 이를 분히 여기어 어찌하면 이를 건져 내어 바로 잡고 널리 펼칠까 하여 교단에서 강단에서 입으로 가르치고 부르짖으며 잡지와 신문에 글을 실어서 애를 태우고 헤매던 것이 오직 그의 하나인 일이었습니다.

— 이중화, 「머리말」, 『표준 한글사전』(이윤재 지음), 대동문화사, 1953

30년간 가장 친하게 지낸 동료 김윤경은 그의 업적을 이렇게 말했다.

한말로 대중에게 한글을 보급하기에 일생을 마쳤다고 하겠습니다. 교육으로 청년학도에게, 언론기관을 통하여 일반 대중에게 한글을 보급한 공적은 실로 큽니다. 또 그가 남긴 고어古語연구는 큰 보배올시다. 생활은 일생을 통하여 빈궁일관이지요. 더 말할 것이 없이 자제의 월사금을 못내서 정학을 당할 뻔 한 것이 한두 번이 아니니까요. 그러나 그는 항상 낙천적이었습니다. 참말 학자며 애국자이었지요. 홍원洪原에서의 고문은 말도 마십시오. 폐일언하고 몹쓸 매질과 고문에서 돌아갔으니까요. 그때 취조하던 안전념安田稔이란 자는 요새 민중이 습격을 해서 그 가족을 볼모로 잡어까지 놓았답되다. 조금만 살아주었더라도 참으로 감개무량합니다.

-「존귀한 희생자, 이윤재 한징 양씨 옥사」,
『자유신문』, 1945년 10월 9일

그와 함께 조선어학회의 활동을 한 김선기는 이렇게 평가를 하였다.

그는 어떠한 어려움과 괴로움이라도 참을 수가 있는 분이요, 적을 사랑할 수 있는 높은 인격을 가지고 있었다. 진실한 교인으로 누구에게나 존경을 받았다. 그의 인격이 신격에 가까웠다.

- 김선기,「한뫼 선생의 나라사랑」,『나라사랑』 13집, 1973

이처럼 이윤재는 자나 깨나 심장의 박동이 뛰는 최후의 순간까지 우리말글을 연구하고 보급하는 데 헌신하였던 것이다.

1935년과 1936년에 걸쳐 조선어 표준어 사정위원으로 참여하여 이윤재를 곁에서 지켜본 문인 이태준은 이윤재의 항일투쟁을 이렇게 평가하였다.

김해 나비공원 안의 이윤재 선생 기념조형물

모어母語 모문母文의 자유란 민족의 가장 고가高價의 자유로서 특히 단일어족인 우리 조선 민족으로서 기쁨이란 절대한 것이다. 이런 최고 최귀의 자유를 위해 일생을 바쳐 싸워준 투사의 한 분이 이윤재 선생이요, 저쪽은 온갖 형구刑具를 가졌고 이쪽은 알몸으로 비명의 자유조차 없이 맞기만 하는 억울한 전장戰場인 철창에서, 아니 산지옥 고문실에서 견디다 견디다 끝내 절명하고 만 이가 이윤재 선생이다.
－「오호! 이윤재선생」, 『현대일보』, 1946년 4월 7일

아울러 이윤재를 스승으로 받들어 그의 집에 기거하며 가르침을 받은 항일 국어학자 신영철은 그를 회고하며 이렇게 말했다. 최고의 헌사다.

조선이 영원한 암흑의 길로 굴러 들어갈제, 조선 인민이 나날이 쇠망의 구렁으로 기울어 갈제, 오직 조국을 근심하고 민생을 걱정하여 전전반측 오매불망하시던 선생! 동분서주 남선북마하시며, 민족 혁명의 기본 공작으로 한글 통일운동을 역설 실천하시어 사생활을 희생시키신 선생! '오직 혈과 성誠이 있을 뿐이다!' 하신 선생은 정말 혈성을 조국 광복의 터에 뿌리시고 가셨다. (중략) 오늘날에 '애국지사' 많거니와 조국 오천 년사 중 국어를 위하여 순도殉道한 이 환산 선생으로 첫손을 꼽나니, 기릴진져 생평을 임리한 신고 속 일편 사심없는 순결숭고한 지조로 위로 오천 년의 국혼을 체현하고 아래로 만겁의 정로正路를 개척하신 무관의 제왕! 무의의 진인!

–「영릉봉심기」,『한글』 98, 1946년 11월

필자가 보기에 이 헌사는 사실에 근거하고 있다. 이윤재는 일제강점기 조선어학회에 관여하며 우리말과 우리글을 연구하고 보급하는 데 일생을 바쳤기 때문이다.

2013년은 이윤재 선생 서거 70주년이 되는 해이기도 하다. 김해시와 김해문화원에서는 1997년부터 매년 '이윤재 선생 추모 한글백일장' 행사를 개최하여 지금에 이르렀다. 앞으로도 이윤재 선생과 관련된 행사가 지속되기를 기원한다.

이윤재의 삶과 자취

1888. 12. 24	경남 김해군 우부면 답곡리에서 이용준과 이임이의 장남으로 출생
1894~1905	11년간 서당에서 한문 공부
1905~1906	김해군 소재의 보통학교에서 수학
1906~1907	대구 계성학교 수학
1907	김해군의 보통학교 연말시험에서 4학년 우등생에 뽑힘
1908	김해군의 보통학교 제1회 졸업생(17명 졸업). 5월 김해군 답곡 소재의 함영학교 교원으로 근무. 아울러 김해군 부삼면 도화동의 농부 수십 명이 조직한 농무회가 세운 농민야학교에서 학도 60여 명을 대상으로 4개월간 국문, 한문, 역사, 산술, 체조 등의 과목을 교육함
1909	정달성과 결혼
1909~1911	김해에 있던 사립합성학교 교원으로 근무
1911~1913	마산 창신학교 교원, 조선어와 역사과목 가르침
1915~1917	3년간 일본 도쿄에 머무르며 와세다대학 문과에서 수학
1917	마산 의신여학교 교원으로 근무
1918~1919	평북 영변의 숭덕학교 교원, 조선어와 역사 과목을 가르침. 1919년 3·1운동에 참여하였기에, 일제로부터 보안법 및 출판법 위반으로 평양 감옥에서 1년 6개월간 징역살이를 함

1920. 7	7월 3일 마산 야소교 청년면려회 부회장에 선임. 9일 경남 기독청년전도단 부단장에 피선
1921	마산 야소교 청년면려회 회장
1921. 6	동아일보 마산지국의 기자를 사임. 청년면려회(당시 이윤재가 회장 및 유년주일학교 교장)에서 이윤재 송별회를 열어줌
1921	3년간 중국 베이징대학北京大學 사학과에서 수학
1922. 6. 6	베이징에서 안창호의 심사에 통과하여 흥사단 예비단우가 됨
1922. 8	대한민국임시정부의 기관지 『독립신문』에 「국치가」를 작사하여 기고
1923	여름에 귀국. 9월 21일 마산 면려청년회 총회에서 회장에 피선. 아울러 창신학교가 설립한 부인야학부에서 교육활동을 함
1924. 1. 28	마산 면려청년회 주최의 정음강연회에서 '정음의 기원' 강연
1924. 9	1년간 평북 정주 오산학교(교장 이승훈) 교원으로 조선어 과목 담당
1925. 4~1927. 3	서울 협성학교 교원. 주소는 서울 팔판동 83번지였음
1925. 12	수양동맹회(이후 수양동우회, 동우회로 개명)에 가입함. 그 기관지인 『동광』의 발행에 관여
1926. 1. 12	허무당선언서를 작성하여 배포하다가 체포된 윤우열 사건에 연루되어 '갑종요시찰인'이 됨
1926. 9. 29(음)	훈민정음반포 제8회갑 기념식에 참여
1927. 6	계명구락부가 설립한 조선어사전편찬소에서 사전 집필에 참여
1927. 8	조선어학회 동지들과 더불어 사전 편찬 준비 활동 개시

1927. 4~1930. 3	서울 경신학교 교원으로 조선어와 작문 교과 가르침
1928. 4~1930. 3	서울 동덕여자고등보통학교 교원으로 근무
1929	계명구락부의 조선어사전편찬소 탈퇴. 8월 말모이(사전) 원고를 되찾아오려고 상하이에 있던 김두봉을 2주간 만났으나 실패. 같은 해 10월 31일 한글날에 조직된 조선어사전편찬회의 발기인과 상무위원에 선임
1931. 1. 6	조선어사전편찬회 간사에 선임됨. 이후 사전편찬 전임위원으로 활동
1931	동아일보사가 발행한 『한글공부』라는 교재 저술. 1931년에 30만 부, 1932년에서 1934년까지 각각 60만 부씩 인쇄했다고 함
1928. 5. 24	서울 종로구 화동 129번지의 땅과 집을 매입
1929~1933. 3	연희전문학교 교원으로 근무
1930	『동아일보』에 「성웅 이순신」(1930. 10. 3~12. 13(43회 연재) 연재. 여기에 연재된 글이 1931년 8월에 한성도서주식회사에서 『성웅 이순신』으로 출판됨
1931. 1. 10	조선어학회 등장에 기여. 이후 조선어학회 간사로 활동함. 아울러 한글 맞춤법 통일안 제정위원, 수정위원, 정리위원으로 3년간 활동
1931	『문예독본』(상, 하) 편찬
1933. 4~1936. 3	서울 경신학교 교원 겸임
1933. 9~1937. 3	서울 중앙고등보통학교 교원으로 근무
1933. 11.12~12. 20	한글 맞춤법 통일안 해설을 31회에 걸쳐 연재
1933	겨울부터 단독으로 조선말 사전 편찬 시작

1934. 4(11호)~ 1937. 5(45호)	조선어학회의 기관지인 『한글』의 편집을 맡아 발행
1934. 9~1935. 7	서울 배재고등보통학교 교원 겸임
1935. 1	조선어 표준어 제정 때 사정위원과 수정위원으로 활동
1935. 4~1936. 9	서울 감리교신학교 교원으로 근무
1935. 7	다산서거 100주년 기념 행사의 발기인으로 참여. 정다산 선생의 백년기념강연회에서 「역사상으로 본 우리의 발명」 (7. 17)이라는 연제로 기념 강연함
1937. 6. 7~1938. 7	수양동우회 사건에 관계되어 서울 서대문형무소에 수감
1939. 3~1940	대동출판사에서 근무
1939. 11~1940.12	『문장』에 「도강록(박지원 저, 이윤재 역)–조선한문고전역 초」(10회 완) 연재
1941~1942. 9	기독신문사 주필로 근무
1942. 10. 1	조선어학회 사건으로 함남 홍원경찰서에 구금
1943. 9. 12	함흥형무소로 이감
1943. 12. 8	오전 5시 독방에서 56세를 일기로 서거 유족으로 자친 이씨, 부인 정씨, 장남 원갑, 원주, 장녀 순경, 차녀 무궁화, 삼녀 영애가 있음
1946. 5	대성출판사에서 『도강록』(박지원 저, 이윤재 역) 출간
1947	908쪽에 달하는 『표준 조선말 사전』(이윤재 지음, 김병제 엮음, 아문각) 출간

이윤재 저술 목록

- 「구주탄생」,『예수교회보』, 1911. 12.
- 「창신학교 교가」, 1914. 4. 5 ;『창신60년사』(1969)에 수록.
- 「국치가」,『독립신문』, 1922. 8. 29.
- 「중국의 새 문자」(상),『동명』, 1922. 11. 5.
- 「중국의 새 문자」(하),『동명』, 1922. 11. 12.
- 「몽고민족의 독립운동」(1),『동명』제14호, 1922. 12. 3.
- 「몽고민족의 독립운동」(2),『동명』제15호, 1922. 12. 10.
- 「몽고민족의 독립운동」(3),『동명』제16호, 1922. 12. 17.
- 「몽고민족의 독립운동」(4),『동명』제17호, 1922. 12. 24.
- 「북경대학을 중심으로 한 학계와 정계의 큰 충돌」,『동명』제2권 제9호, 1923. 2. 25.
- 「경한철종업원총동맹파공의 전말」,『동명』제2권 제13호, 1923. 3. 25.
- 「민중혁명화하는 중국의 학생운동」,『동명』제2권 제23호, 1923. 6. 3.
- 「중국민의측량」(1),『시대일보』, 1924. 4. 8.
- 「중국민의측량」(2),『시대일보』, 1924. 4. 9.
- 「중국민의측량」(3),『시대일보』, 1924. 4. 11.
- 「중국민의측량」(4),『시대일보』, 1924. 4. 12.
- 「중국유학」(1),『시대일보』, 1924. 4. 25.
- 「중국유학」(2),『시대일보』, 1924. 4. 26.
- 「중국유학」(15),『시대일보』, 1924. 5. 19.
- 「조선글은 조선적으로」,『신민』, 1926. 5.
- 「정음의 기원」,『진생』, 1926. 5.

- 「쾌걸 안용복-울릉도를 중심으로 한 이백년 전의 조선외교문제」, 『동광』 창간호, 1926. 5.
- 「쾌걸 안용복(제2호)-울릉도의 외교분쟁」, 『동광』, 1926. 6.
- 「여걸 부랑-이괄난중 정충신 막좌의 유일인」, 『동광』 제4호, 1926. 8.
- 「부랑(속)」, 『동광』 제5호, 1926. 9.
- 「주장-우리의 설자리, 수양이 우스운 것이냐 자조와 호조, 이를 한번 경계」, 『동광』 제6호, 1926. 10.
- 「주장-불망기본, 심은후덕, 생활의식, 조선사람이거든」, 『동광』 제7호, 1926. 11.
- 「개천일의 추감」, 『동광』 제7호, 1926. 11.
- 「필부정의 치」, 『문예시대』, 1926. 11 ; 「필부정의 치」, 『한국잡지총서』 5, 한국문화간행회(영인), 1982.
- 「우리주장-영세불망비, 무겁을 버리자, 비관? 낙관?, 아아 세월!」, 『동광』 제8호, 1926. 12.
- 「우리의 신년, 과거를 회고, 희망의 신년」, 『동광』 제9호, 1927. 1.
- 「우리의 수양운동」, 『동광』 제10호, 1927. 2.
- 「인류의 교육자 페스탈로치의 생애와 그의 사업」, 『동광』 제10호, 1927. 2.
- 「안확 군의 망론을 박함」, 『동광』 제10호, 1927. 2.
- 「우리주장-조선을 위하여, 조선인의 조건, 자존자활」, 『동광』, 1927. 3.
- 「시조時調는 부흥할 것이냐-세계사조와 국민문학」, 『신민』, 1927. 3.
- 「구졸업생의 회고담」, 『신민』, 1927. 3.
- 「우리주장-배우자, 일하자」, 『동광』, 1927. 4.
- 「천진의 통쾌」, 『동광』, 1927. 8.
- 「세종과 훈민정음-한글 출현의 경로와 연혁」, 『동아일보』, 1927. 10. 24(1회)~26(3회).
- 「남한산성유기」(상), 『한빛』, 1928. 1.
- 「최남선의 『아시조선』을 읽고」, 『한빛』, 1928. 1.

- 「남한산성유기」(하), 『한빛』, 1928. 2.
- 「조선역사에 가장 광휘있는 페이지-세종성대의 문화」, 『별건곤』, 1928. 5.
- 「내가 자랑하고 싶은 것-현대문명의 산모, 활자의 발명은 조선이 수위」, 『별건곤』, 1928. 5.
- 「희곡 김원술의 회한」, 『청년』 7·8, 1928. 8.
- 「한성사적(1)성벽의 이야기」, 『신생』, 1928. 10.
- 「한성사적(2)경복궁이야기」, 『신생』, 1928. 12.
- 「우리 청년의 진로, 이론보다 실제로 나가자」, 『신민』, 1929. 1.
- 「조선역사개설」, 『경신』, 1929. 4.
- 「삼월사상 삼대전첩-통쾌! 대통쾌! 권율도원수 행주대첩」, 『별건곤』, 1929. 4.
- 「김유신의 청춘시절-동양인의 청춘시절」, 『별건곤』, 1929. 6 ; 『학해』(1937)에 재수록.
- 「현존 기인 육봉 우용택 선생」, 『별건곤』, 1929. 8.
- 「한글강의 제일강 한글의 말뜻」, 『신생』, 1929. 9.
- 「한글강의 제이강 정음으로 언문에 언문으로 한글에」, 『신생』, 1929. 10.
- 「율리 설씨(1)-희곡」, 『신생』, 1929. 10.
- 「지모의 여걸-김천일의 처」, 『신생』, 1929. 11.
- 「율리 설씨(2)-희곡」, 『신생』, 1929. 12.
- 「마馬에 관한 지명」, 『신생』, 1930. 1.
- 「관동 벽지 양구 기행」(일), 『신생』, 1930. 2.
- 「지상토론, 노소충돌의 원인이 늙은 사람에게 있느냐? 젊은 사람에게 있느냐?」, 『종교교육』, 1930. 2.
- 「관동 벽지 양구 기행」(2), 『신생』, 1930. 3.
- 「대성인 세종대왕」(28회 연재), 『동아일보』, 1930. 3. 17~9. 27 ; 『나라사랑』 13 재수록.
- 「성웅 이순신」(43회 연재), 『동아일보』, 1930. 10. 3~12. 13.
- 「가온날의 이야기」, 『동아일보』, 1930. 10. 7.

- 「민속상으로 본 한가위(가배)의 유래」, 『신생』, 1930. 10.
- 「고려 중엽의 대문학가 이규보 선생」, 『학생』, 1930. 10.
- 「을지문덕묘 참배기」, 『별건곤』, 1930. 11.
- 「484회의 한글기념날을 맞으며」, 『학생』, 1930. 11.
- 「한글質疑欄」, 『동아일보』, 1930. 12. 2.
- 「사상의 신미」, 『동아일보』, 1931. 1. 1(1)~1. 7(4).
- 「조선고전해제, 방편자 유희의 언문지」, 『동아일보』, 1931. 1. 5.
- 「독서여록-史上警句」(1), 『동아일보』, 1931. 1. 19.
- 「내가 사랑하는 꽃과 그 이유-무궁화」, 『신생』, 1931. 5.
- 「신미혁명과 신미양란」(1), 『동광』, 1931. 1.
- 「신미혁명과 신미양요」(2), 『동광』, 1931. 2.
- 「동방의 위인 이이 소전」, 『신생』, 1931. 2 ; 『나라사랑』 13 재수록.
- 「조선민족의 은인과 의범」, 『신생』, 1931. 4.
- 『문예독본』, 진광사, 1931. 5.
- 『성웅 이순신』, 한성도서주식회사, 1931 ; 『성웅 이순신』, 통문관, 1946.
- 「인헌공 강감찬」, 『동아일보』, 1931. 10. 1(상)~10. 2(하).
- 「구궁애사-가을의 덕수궁」, 『삼천리』, 1931. 10.
- 「충의의 인 민충정공」, 『신동아』 창간호, 1931. 11.
- 「만주이야기(1) 옛날과 오늘」, 『동아일보』, 1932. 1. 1.
- 「사상의 임신」, 『동아일보』, 1932. 1. 3(1)~10(6).
- 「전쟁시비론, 귀하께서는 전쟁을 시인하십니까? 반대하십니까?(설문)」, 『신동아』, 1932. 2.
- 「강감찬의 귀주대첩과 권율의 행주대첩」, 『신동아』, 1932. 3 ; 『나라사랑』 13 재수록.
- 「한글철자법강좌」(1회), 『신생』, 1932. 3.
- 「사상야담 의혈-선죽교에 피흘린 정포은 고사」, 『신동아』, 1932. 4.
- 「한글철자법강좌」(2회), 『신생』, 1932. 4.

- 「한글철자에 대한 신이론 검토」, 『동광』, 1932. 4.
- 「한글을 처음 내면서」, 『한글』 창간호, 1932. 5.
- 「튀르크의 문자혁명」, 『한글』 3, 1932. 7.
- 「변격 활용의 예」, 『한글』 3, 1932. 7.
- 「설문; 선생의 여름」, 『신생』 7·8월호, 1932. 8.
- 「조선글은 어떻게 낫는가」, 『신학세계』, 1932. 9.
- 「훈민정음의 창정」, 『한글』 5, 1932. 10.
- 「한글운동의 회고(1)-(4)」, 『동아일보』, 1932. 10. 29~11. 2.
- 「나진만의 황금비」, 『동광』, 1932. 11.
- 「시월상달」, 『신동아』, 1932. 11.
- 「나의 총결산」, 『신동아』, 1932. 12.
- 「행주치마의 유래」, 『신가정』, 1933. 2.
- 「역사상으로 본 평양」, 『신가정』, 1933. 3.
- 「역사적으로 본 경주」, 『신가정』, 1933. 4.
- 「교육문제: 공개장, 학부형으로써 교장에게」, 『신동아』, 1933. 4.
- 「역사로 본 대구」, 『신가정』, 1933. 6.
- 「승지의 추억-지리산의 추상」, 『신여성』, 1933. 6.
- 「제일특집 여자하기대학강좌, 제칠실 한글과 한글은 어떤 것인가」, 『신가정』, 1933. 7.
- 『한글공부』(학생계몽대용), 동아일보사, 1933.
- 「고도고적-대가락국고도 김해」, 『신동아』, 1933. 8.
- 「조선사상의 무협열전(1)-여도령의 神勇」, 『신동아』, 1933. 10.
- 「세종대왕의 성덕」, 『학등』 창간호, 1933. 10.
- 「모어운동개관(1)-(4)」, 『동아일보』, 1933. 10. 29~11. 2.
- 「갑술과 조선, 삼대사실과 삼대인물」, 『동아일보』, 1934. 1. 1(1)~6(6).
- 「조선사상 십대여성 공천결과」, 『신가정』, 1934. 1.
- 「조선지리독본 1. 화려강산」, 『아희생활』, 1934. 1.

- 「한글 맞춤법 통일안 제정의 경과 기략」, 『한글』 10, 1934. 1.
- 「문답 조선역사-지상 조선보통학교 제3과 역사」, 『신가정』, 1934. 5.
- 「하기학생계몽운동-한글교재해설(역사)」, 『한글』, 1934. 7.
- 「백두성산사화」, 『신동아』, 1934. 7.
- 「하기한글지상강습호, 5강 받침」, 『한글』 15, 1934. 8.
- 「조선지리독본 조선의 산과 강(2)」, 『아희생활』, 1934. 9.
- 「대가락국의 납릉, 왕릉과 추풍사-가락왕릉의 추석」, 『삼천리』, 1934. 11.
- 「한글 맞춤법 통일안 해설. 총론 및 제1장 자모」, 『한글』 18, 1934. 11.
- 「내자랑과 내보배-독창과 발명」(13회), 『동아일보』, 1934. 12. 13~29.
- 「조선 역사 강화」(1), 『한글』 20, 1935. 1.
- 「조선 역사 강화」(2), 『한글』 21, 1935. 2.
- 「필경 학생까지 선동하느냐?」, 『한글』 22, 1935. 3.
- 「세종대왕과 문화사업」, 『신동아』, 1935. 3 ; 『학해』(1937)에 재수록.
- 「첫 번 양복 입던 때 이야기」, 『신가정』, 1935. 4.
- 「조선 역사 강화」(3), 『한글』, 1935. 4.
- 「조선 역사 강화」(4), 『한글』, 1935. 8.
- 「조선 역사 강화」(5), 『한글』, 1935. 9.
- 「조선 역사 강화」(6), 『한글』, 1935. 10.
- 「한글운동의 선구자 주시경선생」, 『삼천리』, 1935. 10.
- 「한글창제의 고심」, 『동아일보』, 1935. 10. 28.
- 「한글날에 대하여」, 『한글』 28, 1935. 11.
- 「한글 창제의 고심」, 『한글』 29, 1935. 12.
- 「조선어사전 편찬은 어떻게 진행되는가」, 『동아일보』, 1935. 12. 20.
- 「나의 중학시대, 이십팔년전의 기억」, 『학등』, 1936. 1.
- 「병자수호조규 성립의 전말」, 『신동아』, 1936. 1 ; 『나라사랑』 13 재수록.
- 「일화 토정선생」, 『한글』 31, 1936. 2.

- 「조선어 사전 편찬은 어떻게 진행되는가?」, 『한글』 31, 1936. 2.
- 「북경시대의 단재」, 『조광』, 1936. 4.
- 「대종교와 조선인」, 『삼천리』, 1936. 4.
- 「거성의 임종어록」(25회), 『동아일보』, 1936. 6. 3(9회)~7. 21.
- 「나의 명심록」, 『중앙』, 1936. 7.
- 「지명인사 피서플랜(설문)」, 『신동아』, 1936. 8.
- 「성경 철자를 개정하라」, 『한글』 37, 1936. 9.
- 「조선어표준어사정과 그 고심, 위원제씨와의 일문일답기」, 『조광』, 1936. 9.
- 「최현배씨의 '시골말 캐기 잡책'」, 『한글』 38, 1936. 10.
- 「『사정한 조선어 표준말 모음』의 내용」, 『한글』 40, 1936. 12.
- 「설문(유모어, 인생, 공상설문)」, 『조광』, 1937. 3.
- 「어떤 사형수」, 『박문』, 1939. 5.
- 「(뿍레뷰)문일평씨의 유고『호암사화집』」, 『동아일보』, 1939. 7. 28.
- 「도강록, 조선한문고전역초」(1), 『문장』, 1939. 11.
- 「도강록」(10회 완), 『문장』, 1940. 12 ; 『도강록』, 대성출판사, 1946.

참고문헌

자료

- 『思想彙報』, 『思想ニ關スル情報』, 『京鍾警高秘』, 『신한민보』, 『독립신문』, 『동아일보』, 『조선일보』, 『조선중앙일보』, 『중외일보』, 『매일신보』, 『자유신문』, 『한글』(1~93), 『한글모죽보기』, 『경신』, 『동방평론』, 『신가정』, 『신동아』, 『신민』, 『신여성』, 『신학세계』, 『진생』, 『동광』, 『신생』, 『아희생활』, 『조광』, 『중앙』, 『문예시대』, 『문장』, 『박문』, 『삼천리』, 『정음』, 『별건곤』, 『동명』, 『종교교육』, 『청년』, 『학등』, 『학생』, 『한빛』.
- 「大正 八年 刑上 第500號 判決」(국가기록원 소장).
- 「豫備團友 入團에 關한 報告」(원동발 제2호, 1922. 7. 11. 독립기념관 한국독립운동사 정보시스템).
- 「大正十五年 刑公 第八九四號 判決」(국가기록원 소장).
- 「興士團(동우회)사건 검거에 관한 건」(京鍾警高秘 제7735호, 1937. 10. 28. 독립기념관 한국독립운동사 정보시스템).
- 「國恥歌」, 『독립신문』, 1922. 8. 29 ; 『독립운동사 제8권 : 문화투쟁사』, 독립운동사편찬위원회, 1976.
- 『高等警察要史』, 慶尙北道警察部, 1934.
- 『朝鮮出版警察月報』 第28號, 1930.
- 「同友會 京城地方會, 集會取締 狀況報告(通報)」(京鍾警高秘 제4114호, 1931. 4. 6), 『思想에 關한 情報(副本)』.
- 「同友會 및 興士團事件 保釋被告一同의 時局에 대한 思想轉向會議, 集會取締 狀況報告」(京鍾警高秘 제9815호의 3, 1938. 11. 4), 『思想에 關한 情報(11)』.
- 「朝鮮思想事件判決 同友會事件」, 『思想彙報』 제24호, 朝鮮總督府 高等法院

檢事局 思想部, 1940. 9.
- 「昭和十三年 刑抗 第七八九號 決定」(국가기록원 소장).
- 「昭和十五年 刑上 第102乃至104號 決定」(국가기록원 소장).
- 「昭和十五年 刑控 第一七乃至二十號 判決」(국가기록원 소장).
- 「昭和十八年豫第十一號 豫審終結 決定」[『건재 정인승 전집』 6(국어운동사), 박이정, 1997) ; 번역문(「조선어학회사건 함흥지방법원 예심 종결서」, 이극로, 『고투사십년』, 을유문화사, 1947 ; 「조선어학회사건 예심 종결 결정문」, 『나라사랑』 42, 외솔회, 1982 봄호 ; 「조선어학회사건 예심결정문」, 『어문연구』 39·40, 1983 ; 「조선어학회사건 예심종결결정문」, 『석인 정태진전집』(상), 서경출판사, 1995 ; 「〈조선어학회사건〉예심종결 결정문」, 『건재 정인승 전집』 6(국어운동사), 박이정, 1997].
- 「西紀一九四七年 刑上第117, 118號 判決」(국가기록원 소장).
- 「제륙과, 이윤재」, 『초등 국어 6-2』, 군정청 문교부, 1949.
- 『독립운동사자료집 5 : 삼일운동 재판기록』, 독립운동사편찬위원회, 1971.
- 『독립운동사자료집 9 : 임시정부자료집』, 독립운동사편찬위원회, 1975.
- 『독립운동사자료집 12 : 문화투쟁사자료집』, 독립운동사편찬위원회, 1977.
- 『독립운동사자료집 13 : 학생독립운동사자료집』, 독립운동사편찬위원회, 1977.
- 『도산 안창호자료집 : 조선총독부 경무국장 비밀문서 Ⅱ』, 국회도서관 수서정리국 편역, 1998.
- 이윤재 저술 목록 전체 자료.

저서

- 김도연, 『나의 인생고백서』, 상산회고록출판동지회, 1965.
- 『나라사랑』 제13집(환산 이윤재 선생 특집호), 외솔회, 1973.
- 리원주, 『민족의 얼』, 문학예술종합출판사, 2001.
- 박용규, 『조선어학회 항일 투쟁사』, 한글학회, 2012.

- 『한글학회50년사』, 한글학회, 1971.
- 조재수, 『국어사전편찬론』, 과학사, 1984.
- 최현배, 『외솔 최현배 박사 고희 기념 논문집』, 정음사, 1968.
- 최현배, 『한글의 바른 길』, 조선어학회, 1937.
- 최현배, 『한글갈』, 1940.
- 최현배, 『한글의 투쟁』, 정음사, 1954.

논문

- 강신항, 「이윤재-옥고에 진 한글의 넋」, 『한국의 인간상』 4, 신구문화사, 1967.
- 강신항, 「이윤재」, 『한국근대인물백인선』(신동아 별책부록), 동아일보사, 1970.
- 고영근, 「이윤재-국어학사의 재조명」, 『주시경학보』 2, 1988.
- 고영근, 「이윤재의 사상 체계」, 『주시경학보』 10, 1992.
- 고영근, 「이윤재의 걸어온 길」, 『주시경학보』 10, 1992.
- 고영근, 「이윤재의 민족주의 사상과 그 형성의 문제」, 『주시경학보』 10, 1992.
- 권혁래, 「옛이야기, 동화로 쓰기와 박영만의 〈조선전래동화집〉(1940)-식민지 시기 3대 전래동화집 〈조선전래동화집〉과 작가 박영만에 대하여」, 『동화와 번역(Folktale and Translation)』 10, 건국대학교 동화와번역연구소, 2005.
- 김선기, 「한뫼 선생의 나라사랑」, 『나라사랑』 제13집.
- 박용규, 「1930년대 한글운동에서의 이극로의 역할」, 『사학연구』 92호, 한국사학회, 2008.
- 박용규, 「『조선어사전』 저자 문세영 연구」, 『사총』 73, 고려대 역사연구소, 2011.
- 박용규, 「문세영 『조선어사전』의 편찬과정과 국어사전사적 의미」, 『동방학지』 제154집, 연세대 국학연구원, 2011.
- 박용규, 「이희승의 문세영 『조선어사전』 비판에 대한 검토」, 『국학연구』 제

18집, 한국국학진흥원, 2011 봄·여름.
- 박용규, 「일제시대 이극로의 민족운동 연구-한글운동을 중심으로」, 고려대 사학과 박사논문, 2009.
- 박용규, 「조선어학회사건이 가지고 있는 역사적 의미」, 『공공언어로서의 행정언어』(2011년 동계공동학술대회 자료집), 행정언어와 질적연구학회 주관, 2011.
- 박용규, 「배재학당을 빛낸 인물-문세영과 이중화」, 『한글보급과 배재학당』(배재학당역사박물관 연구집 6), 배재학당역사박물관, 2013.
- 이석린, 「〈한글〉지와 이윤재 선생」, 『나라사랑』 제13집.
- 이장렬, 「환산 이윤재의 출생지와 「구주탄생」」, 『지역문학연구』 10, 경남부산지역문학회, 2004.
- 임홍빈, 「주시경과 "한글" 명칭」, 『한국학논집』 23, 계명대 한국학연구소, 1996.
- 임홍빈, 「'한글' 명명자와 사료 고증의 문제-고영근(2003)에 답함」, 「어문연구』 35-3, 2007.
- 정인승, 「한글 운동과 이윤재 선생」, 『나라사랑』 제13집.
- 최경봉, 「일제강점기 조선어학회 활동의 역사적 의미」, 『민족문학사연구』 31, 2006.
- 하동호, 「환산 이윤재 선생 서지」, 『나라사랑』 제13집.
- 森川展昭, 「朝鮮語學會の語文運動」, 『朝鮮一九三○年代 硏究』, 三一書房, 東京, 1982.

논평, 기타
- 김윤경, 「신간평 문세영저 수정증보 조선어사전을 보고」(상), 『매일신보』, 1941. 1. 30.
- 김윤경, 「조선어학회 수난기」, 『한글』 94(11-1), 조선어학회, 1946.
- 김윤경, 「환산 이윤재 언니를 그리워 함」, 1953. 7. 19 ; 『한결 김윤경전집』

- 7(1985)에 재수록.
- 김윤경, 「잊혀지지 않는 사람들, 성경의 표준판과 한뫼 이윤재 선생」, 『신천지』, 1954. 6.
- 김종수, 「경신인임을 자랑하노라」, 『경신』 39, 1973.
- 민재호, 「이윤재 선생님의 조국애」, 『경신』 42, 경신중고등학교, 1985.
- 박영만, 「조선어학회 여러 동무님 앞」, 『한글』 96, 1946.
- 박용규, 「23세 총각이었던 형의 죽음, 그 뒤를 이은 동생은, 항일 국어학자 신영철 선생을 아시나요?」, 『오마이뉴스』, 2012. 2. 19.
- 박용규, 「환산 이윤재 선생의 출생지 논증 – 김해인가, 밀양인가?」, 『한글 새소식』 488, 2013. 4.
- 신영철, 「문세영선생이 지은 조선어 사전」, 『한글』 61, 1938.
- 신영철, 「영릉봉심기」, 『한글』 98, 1946.
- 『안동교회 90년사』(PDF 자료), 안동교회 역사편찬위원회, 2001.
- 이극로, 「이미 세상을 떠난 조선어학자들」, 『경향신문』, 1946. 10. 9.
- 오기영, 「독립에의 신출발」, 『서울신문』, 1948. 1. 4 ; 『자유조국을 위하여』에 재수록.
- 이영애, 「나라사랑의 고행, 그 그늘 속에서」, 『나라사랑』 제13집.
- 이은상, 「무저항의 저항자」, 『나라사랑』 제13집.
- 이태준, 「오호! 이윤재선생」, 『현대일보』, 1946. 4. 7.
- 이희승, 「인간 이윤재 – 인물 평전」, 『신태양』, 1957. 8.
- 일기자, 「조선어사전 편찬회 방문기」, 『신생』, 1929. 12.
- 정인승, 「국어운동 50년」, 『전북일보』, 1977.
- 정인승, 「남기고 싶은 이야기들 – 조선어학회 사건」, 『중앙일보』, 1972.
- 「큰 사전 말수」, 『큰 사전』 6, 한글학회, 1957.
- 홍이섭, 「스승 이윤재」, 『나라사랑』 제13집.
- 「잡보, 농회교육」, 『황성신문』, 1908. 8. 4.
- 「朝鮮語辭典編纂の經過」, 『朝鮮語辭典』, 朝鮮總督府, 1920.

찾아보기

ㄱ

가갸날 90, 91, 150
강감찬 157
『개정한 한글 맞춤법 통일안』 78
개천절 151, 152
거북선 122
걸걸중상 157
검모잠 157
『경세정운도설』 88
『경신』 126
경신학교 25, 28, 29, 32
계명구락부 92, 93
계성학교 10
고국천왕 139
고종 9, 144
공탁 82
광개토왕 128, 142, 143
구자옥 82
구진천 121
국문동식회 132
국문시대 92
국문연구소 132
국어연구학회 90, 132
국채보상운동 145
국치가 21

국한문혼용 71
궁예 145
권덕규 48, 74, 75, 77, 81, 99, 100, 103, 105
권상로 99
권승욱 62
『권업신문』 17
권율 114, 129
귀주대첩 138
근화학교 50
기독신문사 80
김광제 145
김교헌 153
김구 98
김극배 81
김도연 95
김동환 82, 83
김두봉 60, 92, 93
김두헌 82
김법린 62
김병제 64, 81
김선기 26, 75, 77, 93, 105, 106
김양수 82, 83, 95
김우현 47
김원술 25
김유신 25, 157

김윤경 11, 38, 53, 55, 56, 63, 73, 74, 75, 77, 78, 81~83, 105, 106, 108
김익환 24
김정호 119
김종서 129
김종수 31
김종철 95
김창제 81~83
김천일 114
김형기 81~83
김활란 82
김후직 136
김희상 82, 83

ㄴ

나철 153
나폴레옹 13
난중일기 12
농무회 11
농민야학교 11

ㄷ

단군 124, 125, 151~153
단군기원 152
단심가 12
대고구려주의 141
대공주의 43
대동출판사 35
대영성서공회 49
대조영 157
대종교 153

대창학교 47
『대한매일신보』 17, 113
대한민국 임시정부 60
대한제국 9
『대한협회월보』 17
덕수궁 144
「도강록」 119
『독립신문』 21
독립운동 15, 24, 112, 125, 155, 156, 159
독립운동사 31, 32
『동광』 23, 37, 42, 80, 129, 148
『동명』 22, 88
『동아일보』 27, 87
동우회 37, 38
동학 136
된시옷 72, 73, 88

ㅁ

만몽어연구 48, 100
매소성 전투 26
묘동교회 33
묘청 145
무궁화 14
문무왕 121, 129
문세영 50, 52, 54, 55, 81, 83
『문예독본』 32, 73, 74, 85, 113
문일평 114, 116, 134
『문헌비고』 88
민비 142, 144
민영욱 95
민영환 12, 114, 129

민재호　29
민족어 규범 수립 운동　68, 69
민족어대사전　92
민족자결주의　14
민족주의 사학　17
민족주의 역사　146
민태원　99

ㅂ

박승빈　28, 79, 92, 99
박영만　97
박제순　132
박지원　119
박현식　74, 75, 81
박희도　28, 138
반봉건 운동　109
반제국주의 운동　108
발전사관　121
방동교회　43
방종현　81~83
배재고보　28, 32, 50
백낙준　81, 103, 116
백남운　114
백두산　146, 147
백상규　82
변영로　92
변이중　123
병서법　72, 73, 88
보안법　15
부랑　131, 132
브나로드 운동　103
비타협 민족주의자　93, 160

ㅅ

사대주의　153
사립합성학교　11
사전편찬후원회　95
사조구　122
사쿠라　32, 33
살수대첩　140, 144, 145
『삼국사기』　26, 121
3·1운동　14
상동청년학원　132
서민호　95
서산대사　136
서상돈　145
서승효　62
서춘　103
서항석　81
서희　128
설태희　95
성삼문　136
성충　136
세종대왕　76
『세종실록』　88
소수림왕　139
손진태　114
송진우　99
쇄국주의　140
수양동맹회　37
수양동우회　37, 38, 40, 42, 60, 69, 159
수양동우회 사건　87
숭덕학교　14
시바타　60, 61
시온회　47, 100

신간회 운동　34
신경준　88
신명균　74, 75, 77, 81, 103, 105, 106
『신민』　146
신민사　90, 150
『신생』　132
신영철　50
신윤국　81~83, 95
신채호　17, 141

ㅇ

안동교회　32, 47, 48
안용복　25, 114, 129
안재홍　81~83, 114, 134
안창호　17, 20, 38
야스다　60
양명　24
양주동　82
어윤적　99
언문시대　92
『언문지』　119
언문철자법　72, 73, 88
언어독립운동　68
연개소문　157
연희전문학교　26
『열하일기』　119
염상섭　82
영변　14
『예수교회보』　43
오기영　43
오산학교　24
옥보고　13

옥선진　82
온달　26, 27
왕건　133
우리말사전　92
우용택　131, 132
원천석　136
원효　118
위화도 회군　141
유각경　116
유병집　15
유상규　37
유진오　82
유형기　82
유희　88
윤관　128
윤병호　62
윤복영　81, 83
윤우열　24
윤일선　82
윤치호　99
윤홍섭　95
을사늑약　10
『을지문덕전』　17
의신여학교　11, 14, 46, 47
이갑　75, 77, 81, 105
이강래　81, 83
이관구　82
이광사　88
이광수　37, 98
이규경　88
이규보　131
이극로　35, 59, 63, 73~75, 78, 81~83, 92, 93, 95, 106, 161

이긍종　99
이기윤　81~83
이만규　75, 77, 78, 81~83, 105
이명칠　81
이무궁화　64
이병기　48, 74, 75, 77, 81, 100, 105, 106
이상춘　75, 77, 105
이석린　62
이성계　13, 144
이세정　75, 77, 81
이수광　88
이숙종　81~83
이순경　64
이순신　12, 27, 60, 81, 114, 122, 129
이승훈　24
이영애　64
이용기　93
이용설　20
이우식　95
이운용　81
이원갑　62~64, 66
이원주　63
이원철　82
이은상　103, 116
이이　132
이익　88
이인　95, 114
이장렬　46
이장손　131
이종린　82, 83, 99
이중화　83, 95
이지함　135

이탁　75, 77, 81, 105
이태준　81
이헌구　82
이호성　81~83
이황　119
이희승　74, 75, 77, 78, 81~83, 105, 106
일본어상용정책　59
임규　92
임제　131, 133
임진왜란　13, 146
임혁규　95

ㅈ

자가정신　148, 149
『자유신문』　66
자주정신　146, 148, 149, 160
장동순　15
장지영　48, 74, 75, 81, 83, 100, 105
장현식　82, 95
전필순　81
정노식　82, 83
정달성　67
정몽주　12, 136
정세권　34
정신사관　149
정약용　114
정열모　48, 74, 75, 77, 81, 100
『정음』　79
정음시대　92
정인보　92, 114, 134
정인섭　74, 75, 77, 81
정인승　78, 83, 95

정지　130
정태진　62
정평구　122
조광조　136
조기간　83
조병식　95
「조선 역사 강화」　126
조선광문회　92, 132
조선기독교청년회　26
『조선말큰사전』　36, 53, 97, 159
조선문화사　117
조선물산장려운동　34
조선아　147, 153, 160
조선어 문법　100
조선어 표준말 사정안　38
조선어강습원　133
『조선어대사전』　59
『조선어사전』　52~54, 92, 97, 162
조선어사전편찬회　35, 93, 95
조선어연구회　34, 48, 69, 74, 90, 101, 109, 150, 159
조선어학연구회　79
조선어학회　34, 36, 48, 55, 56, 68, 69, 74, 78, 79, 85, 95, 104, 106, 108, 109, 159, 163
조선어학회 사건　35, 59, 68
조선어학회 회관　36
「조선역사개설」　124
조선총독부　52, 72
조선학 운동　114, 116, 134
조식　13
조영　20
조용만　83

조용훈　83
조헌　114, 136
조헌영　83
주시경　11, 69, 74, 76, 89, 108, 132, 133
죽죽　136
중앙고보　28, 32
중앙기독교청년회　104, 106
지석영　99
진단학회　60, 114, 134

ㅊ

차상찬　81
창경궁　33
창경원　33
창신학교　11, 43
척양척사주의　143
『천개소문전』　17
천보노　119, 121
최남선　92
『최도통전』　17
최두선　83
최린　28, 138
최영　136
최유해　116
최장부　15
최제우　135
최치원　13
최현배　48, 73~75, 77, 78, 81~83, 92, 100, 103, 105, 162
『충무공전서』　116
치안유지법　36, 55

ㅌ

태극기　31

ㅍ

팔자병　150
『표준 조선말 사전』　94

ㅎ

『학등』　87
한국광복군　98
『한글 맞춤법 통일안』　74, 76, 78~80, 85, 106, 161
『한글』　78, 85, 86, 98, 126
한글강습회　104, 161
『한글공부』　103
한글날　78, 90, 91, 151
한글모　90
「한글발달사」　92
한글배곧　90
「한글순례」　105
한글시대　92
한글운동　55, 59, 68, 108
「한글질의란」　80, 89
한글학회　97
한나라글　89

「한나라말」　89
『한빛』　146
한성도서주식회사　27, 86
한자폐지운동　109
한징　81~83, 92, 93, 95
함대훈　81
함흥감옥　55
행주대첩　130, 138
행주치마　144
허무당선언서　24
허수아비　30, 31
현충사　81
협성학교　24
협성회　132
홍경래　135, 136, 139, 140
홍양호　88
홍에스터　81~83
환국　8
환산　8
환족　146
황매천　13
황애덕　103
황의돈　114
훈민정음　88, 89
『훈민정음』　88
흥사단　17, 20, 37, 38, 159
흥선대원군　143

우리말·우리역사 보급의 거목 이윤재

1판 1쇄 인쇄 2013년 10월 1일
1판 1쇄 발행 2013년 10월 8일

글쓴이   박용규
기 획   독립기념관 한국독립운동사연구소
펴낸이   김능진
펴낸곳   역사공간
        주소: 04000 서울시 마포구 동교로19길 52-7 PS빌딩 4층
        전화: 02-725-8806
        팩스: 02-725-8801
        E-mail: jhs8807@hanmail.net
        등록: 2003년 7월 22일 제6-510호

ISBN 978-89-98205-24-9 03900

*잘못된 책은 바꿔 드립니다.

역사공간이 펴내는 '한국의 독립운동가들'

독립기념관은 독립운동사 대중화를 위해 향후 10년간 100명의 독립운동가를 선정하여,
그들의 삶과 자취를 조명하는 열전을 기획하고 있다.

001 근대화의 선각자 - 최광옥의 삶과 위대한 유산
002 대한제국군에서 한국광복군까지 - 황학수의 독립운동
003 대륙에 남긴 꿈 - 김원봉의 항일역정과 삶
004 중도의 길을 걸은 신민족주의자 - 안재홍의 생각과 삶
005 서간도 독립군의 개척자 - 이상룡의 독립정신
006 고종 황제의 마지막 특사 - 이준의 구국운동
007 민중과 함께 한 조선의 간디 - 조만식의 민족운동
008 봉오동·청산리 전투의 영웅 - 홍범도의 독립전쟁
009 유림 의병의 선도자 - 유인석
010 시베리아 한인민족운동의 대부 - 최재형
011 기독교 민족운동의 영원한 지도자 - 이승훈
012 자유를 위해 투쟁한 아나키스트 - 이회영
013 간도 민족독립운동의 지도자 - 김약연
014 대한민국 임시정부의 민족혁명가 - 윤기섭
015 서북을 호령한 여성독립운동가 - 조신성
016 독립운동 자금의 젖줄 - 안희제
017 3·1운동의 얼 - 유관순
018 대한민국임시정부의 안살림꾼 - 정정화
019 노구를 민족제단에 바친 의열투쟁가 - 강우규
020 미 대륙의 항일무장투쟁론자 - 박용만
021 영원한 대한민국임시정부의 요인 - 김철
022 혁신유림계의 독립운동을 주도한 선각자 - 김창숙
023 시대를 앞서간 민족혁명의 선각자 - 신규식
024 대한민국을 세운 독립운동가 - 이승만
025 한국광복군 총사령 - 지청천

026 독립협회를 창설한 개화·개혁의 선구자 - 서재필
027 만주 항일무장투쟁의 신화 - 김좌진
028 일왕을 겨눈 독립투사 - 이봉창
029 만주지역 통합운동의 주역 - 김동삼
030 소년운동을 민족운동으로 승화시킨 - 방정환
031 의열투쟁의 선구자 - 전명운
032 대종교와 대한민국임시정부 - 조완구
033 재미한인 독립운동의 표상 - 김호
034 천도교에서 민족지도자의 길을 간 - 손병희
035 계몽운동에서 무장투쟁까지의 선도자 - 양기탁
036 무궁화 사랑으로 삼천리를 수놓은 - 남궁억
037 대한 선비의 표상 - 최익현
038 희고 흰 저 천 길 물 속에 - 김도현
039 불멸의 민족혼 되살려 낸 역사가 - 박은식
040 독립과 민족해방의 철학사상가 - 김중건
041 실천적인 민족주의 역사가 - 장도빈
042 잊혀진 미주 한인사회의 대들보 - 이대위
043 독립군을 기르고 광복군을 조직한 군사전문가 - 조성환
044 우리말·우리역사 보급의 거목 - 이윤재